Zeynep Kalkavan

Kooperative Lernmethoden Lesen

Klasse 2/3

Persen Verlag

Die Autorin:

Dr. phil. Zeynep Kalkavan – Studium des Lehramtes für die Primarstufe an der Technischen Universität Dortmund mit den Unterrichtsfächern Deutsch, Mathematik und Kunst/Textilgestaltung, Promotion an der Fakultät für deutsche Sprache und Literatur der TU Dortmund im Bereich Literaturwissenschaften/Literaturdidaktik, hauptamtlich tätig als Lehrerin an einer Grundschule in Bottrop und Lehrbeauftragte an der TU Dortmund im Bereich „Didaktik des Deutschen/Deutsch als Zweitsprache", Veröffentlichungen von Unterrichtsmaterialien u. a. zur Didaktik des Deutschen

Gedruckt auf umweltbewusst gefertigtem, chlorfrei gebleichtem und alterungsbeständigem Papier.
Nach den seit 2006 amtlich gültigen Regelungen der Rechtschreibung.

1. Auflage 2010

2. Auflage 2013

Illustrationen: Andrea Snuggs, Robin Snuggs
Satz: Satzpunkt Ursula Ewert GmbH

ISBN 978-3-8344-**3273**-5

www.persen.de

Inhalt

Vorwort

Neue Methoden in den eigenen Unterricht zu integrieren kann vielerlei Hindernisse und Schwierigkeiten mit sich bringen. Ohne Vorerfahrungen gewann ich als Lehrerin einen ersten Einblick in kooperative Lernmethoden in einer Seminarveranstaltung und erkannte die Einfachheit in der Umsetzung dieser, die auf den ersten Blick auch große Effizienz in Lerngruppen zu bringen scheinen. Ich setzte diese direkt in meinem Deutschunterricht um, da ich die „klassischen" Methoden zum Umgang mit Texten durch originellere und vor allem auch aktuellere Aufgaben ersetzen wollte. Ich erhoffte mir einen „neuen Wind" im Klassenzimmer. Mit fachlichen Zielen verknüpft waren letztendlich auch soziale Ziele, die u. a. zum Ausbau der kommunikativen Fähigkeiten dienen sollten.

Als Lehrerin unterstütze ich die Schüler[1] in kooperativen Lernmethoden während der Arbeitsphase, indem ich ihnen als Berater, Organisator und Moderator beiseite stehe (vgl. WEIDNER 2003, S. 50). Diese vielseitigen „Funktionen" zeigen sich in unterrichtenden und beratenden Bereichen, wobei man sich auf individuelle Beratungen konzentrieren und ggf. anhand von Beobachtungen Tipps für die Gruppenarbeit und die Eigenverantwortlichkeit (Lerntempo, Lernstil) geben kann. So ist es möglich, in Gesprächssituationen auf einzelne Schüler einzugehen, um ihnen Rückmeldungen über ihren individuellen Lernweg zu geben. Als Organisatorin und Moderatorin gestalte ich die Lernarrangements so, dass diese den Kindern „ein Höchstmaß an Aktivität, Selbst- und Mitverantwortung, Motivation, Wissens- und Kompetenzzuwachs ermöglichen" (GREEN/GREEN 2005, S. 97).

In diesem Sinne wünsche ich Ihnen und Ihren Schülern viel Erfolg und Spaß beim Einsatz der kooperativen Lernmethoden.

Zeynep Kalkavan

[1] Der Einfachheit halber wird bei allgemeingültigen Aussagen auf die einzelne Aufführung von Maskulinum und Femininum im Deutschen verzichtet und die maskuline Form als allgemeingültig angewandt. Ebenso dienen generalisierte Bezeichnungen als verallgemeinernde Formen und kennzeichnen ohne jegliche Bewertung eine Einheitlichkeit.

Methodenübersicht

Arbeitsmaterial	**Methoden** (vgl. GREEN/GREEN 2005)
Übungen zum Abc – A	Partnerarbeit/Einführung „Think-Pair-Share“
Übungen zum Abc – Z	Partnerarbeit/Einführung „Think-Pair-Share“
Frühlingsgedichte	Gruppenpuzzle – Jigsaw
Herbstgedichte	Gruppenpuzzle – Jigsaw
Kurzgeschichten	Gesprächskarussell (Klassenplenum)
Lektüre Hexe Lilli	Gruppenpuzzle – Jigsaw
Ritter-Geschichten	Partnerarbeit/Lerntempoduett
Sachtexte	Partnerpuzzle
Tierkartei	Fischgräte/Drei-Schritt-Interview/Platzdeckchen/ runder Tisch

1. Legitimierung der Thematik durch die Richtlinien und Lehrpläne

In den Richtlinien des Landes Nordrhein-Westfalen heißt es bezüglich der Lernerfahrungen der Kinder, dass grundlegende Fähigkeiten, Kenntnisse und Fertigkeiten in Inhalt und Form so vermittelt werden sollen, dass sie den individuellen Lernmöglichkeiten und Erfahrungen der Schülerinnen und Schüler angepasst sind (vgl. MINISTERIUM FÜR SCHULE, JUGEND UND KINDER DES LANDES NRW 2008). Dies entspricht bereits einem wesentlichen Ziel kooperativer Lernmethoden, da diese selbstbeobachtendes und selbstständiges Lernen zu fördern vorsehen. Weiterhin wird verordnet, die Lehrkräfte sollen durch fördernde und ermutigende Hilfe zu den systematischeren Formen des Lernens allmählich hinführen und damit die Grundlagen für die weitere Schullaufbahn schaffen (vgl. ebd.). Daran anknüpfend kann festgestellt werden, dass kooperatives Lernen Motivation und Ermunterung sowohl durch die Rollenverteilung innerhalb der Gruppen, aber auch durch den Lehrer in seiner „neuen Rolle" fördert und stärkt.

Eine wesentliche Forderung des Schulministeriums an die Lehrenden betrifft die Lernentwicklung. Auch diese wird durch kooperative Methoden begleitet, da *individuelles* und *gemeinsames Lernen* angeregt, unterstützt und gefördert wird. Diese Lernformen bieten – wie in den Richtlinien gefordert – „eine breite Palette anregungsreicher, strukturierter und offener Lernsituationen" und fördern die Entwicklung eines positiven Selbstbildes (ebd.). Durch die Aufgabenstellungen, die die Gruppen von der Lehrperson erhalten, werden sie dazu angeregt, eigenständig und selbstständig zu lernen: sie planen, entdecken, erkunden, untersuchen etc. (vgl. ebd., S. 17).

Für den Deutschunterricht ist hier relevant, dass Lernformen, die zum Sprachhandeln herausfordern, wie soziale Lernformen, gemeinsame Vorhaben, Projekte, das Zusammenspiel von Lesen und Schreiben zentrale Merkmale kooperativer Lernmethoden darstellen (vgl. Lehrplan Deutsch).

2. Theoretische Grundlagen

In der Schule und im weiteren sozialen Umfeld werden Kinder vielfach mit unterschiedlichen sozialen Problemfaktoren konfrontiert, sodass die Schule zu pädagogischen Hilfsmaßnahmen greift und die Kinder auf die sozialen Anforderungen vorbereiten muss. Die veränderte Lebenswelt der Kinder in der heutigen Zeit, die sich durch eine „Allgegenwart und Dominanz von Medien", durch „familiäre Umbrüche", eine „Wissensexplosion" und einen „allgemeinen Wertewandel" auszeichnet, bringt ein weitaus verändertes *Lern- und Sozialverhalten* mit sich (WEIDNER 2003, S. 25). Diesen neuen Herausforderungen kann die Schule mit kooperativen und sozialen Lernformen begegnen, um den Kindern *interaktive, kooperative und kommunikative Kompetenzen* auf den Lernweg mitzugeben. Denn „Kooperatives Lernen ist kluges, Kräfte schonendes Umgehen mit der Heterogenität von Lernenden (und Lehrenden), mit Alltagskonflikten, mit Leistungsansprüchen und -motivation sowie mit den sozialen Kompetenzen aller an Schule (oder Hochschule) Beteiligten. Es ist eine der zukunftsorientierten Reaktionen auf – nicht erst seit PISA – zunehmende Forderungen nach ‚mehr Leistung' seitens der Bildungspolitik bei immer einschneidenderen Sparappellen und knapperen

Ressourcen." (GREEN/GREEN 2005, S. 16). Durch kooperatives Lernen werden folglich Sozialkompetenzen (*social skills*) erworben, die neben dem fachlichen Lernen einen gleichwertigen Rang einnehmen (vgl. ebd., S. 29). Diese sind nicht nur Voraussetzungen für eine gelungene Gruppenarbeit, sondern gelten auch als kontinuierlich zu vermittelnde Lerninhalte.

2.1 Grundlagen des kooperativen Lernens

KATHY und NORM GREEN führen den Grundsatz des kooperativen Lernens auf eine „eigene Philosophie" zurück, die zum einen auf der Lehr-Lern-Forschung und zum anderen auf den Arbeiten des Philosophen und Pädagogen *John Dewey* basieren (GREEN/GREEN 2005, S. 16). So untersuchten DAVID und ROGER JOHNSON bereits in den 80ern das Lernen mit und durch Gleichaltrige im Unterricht und konzentrierten sich dabei speziell auf kooperative Konfliktlösungsverfahren. Die Erkenntnisse über soziologische und ökonomische Entwicklungen sowie auch Veränderungen brachten im kooperativen Lernkontext nach GREEN und GREEN „ein elaboriertes Methodenrepertoires" mit sich, das im besten Fall durch „Learning by doing", beispielsweise in Workshops, angeeignet werden kann (ebd.). Es gilt als Konzept für Schulerfolg und Schulentwicklung, das bereits internationalen Erfolg – wie z. B. in kanadischen Schulen – bewies. Bezüglich der Forschungsergebnisse ist bekannt, dass einzelne Studien, wie z. B. jene nach DAVID und ROGER JOHNSON von der University of Minnesota, *bessere Schülerleistungen, höheres Selbstwertgefühl, größere Akzeptanz von Unterschieden* und *eine Zunahme von positiven Verhaltensweisen* belegen (ebd., S. 32). GREEN und GREEN stellen in ihren Aufzeichnungen außerdem weitere elf wichtige Forschungserkenntnisse über kooperatives Lernen vor: „Entwicklung von Denkfähigkeit auf höherem Niveau, Förderung der Schüler-Lehrer-Interaktion und der Vertrauensbasis [...], Stärkung der Lernzufriedenheit [...], Entwicklung von Kommunikationskompetenz, Training sozialer Kompetenzen, Förderung positiver interkultureller Beziehungen, Teambildung bei Problemlösungen, bei gleichzeitiger individueller Verantwortung, Unterstützung einer positiven Haltung der Schüler gegenüber Lehrern, Schulleitern und anderem Schulpersonal sowie eine positivere Haltung der Lehrer gegenüber ihren Schülern, Förderung der Lernverantwortung bei den Schülern, Etablieren einer Atmosphäre von Kooperation und Hilfsbereitschaft, die Entwicklung gegenseitiger Verantwortung" (ebd., S. 33 ff.). Erreicht werden diese Kompetenzen durch das Entwickeln eines *gesunden Gleichgewichts*, also eines *Wir-Gefühls* innerhalb der Klasse, dass sich durch ein *fragend-entwickelndes, verstehendes* und *reflektierendes* Unterrichtsgeschehen auszeichnet (vgl. ebd., S. 45).

Das Ziel des kooperativen Lernens (sozialen Lernens) wird zukunftsorientiert sehr weit gefasst und sollte über den Klassenraum hinaus die gesamte Schule einbinden, denn kooperatives Lernen betrifft das gesamte Lehrerkollegium und somit die ganze Schulgemeinde (vgl. ebd.).

2.2 Wesentliche Elemente kooperativen Lernens für die Förderung sozialer Kompetenzen

Kooperatives Lernen bedeutet im weiteren Sinne „Teamlernen" (GREEN/GREEN 2005, S. 28). Neben diesem „Schüler-Interaktions-Muster" gibt es nach GREEN und GREEN zwei weitere, die dem kooperativen Modell gegenüberstehen: das *konkurrierende* und das *individualistische* Lernen (ebd.). *Kooperatives Teamlernen* zeichnet sich demzufolge durch bestimmte Grundelemente aus. Vor den Unterrichtsplanungen müssen daher grundlegende Basiselemente geklärt und in der Klasse eingeführt werden. Als solche werden an dieser Stelle „die fünf zentralen Gelingensbedingungen" nach JOHNSON und JOHNSON aufgeführt, die seit Beginn der 1970er-Jahre in den USA erforscht wurden und in der Fachliteratur als solche geltend gemacht werden (BRÜNING/SAUM 2006, S. 133):

„1. **Soziale Kompetenzen**
Soziale Kompetenzen sind zugleich Bedingung und ein Ziel Kooperativen Lernens. Sie sind die Voraussetzung für gelingende Kommunikation, wechselseitiges Vertrauen, Verantwortungsübernahme jedes Einzelnen, Entscheidungsfindung, bei der alle einbezogen werden, und selbstständige Konfliktlösung.
2. **Arbeit in Kleingruppen**[2]
Die Gruppen sollten nicht aus mehr als vier Personen bestehen. Nur so können die Schülerinnen und [...] (Schüler) in räumlicher Nähe arbeiten, sodass sie leise miteinander sprechen können und die Nachbargruppen nicht gestört werden. Zudem wird so die individuelle Einbindung in den Gruppenprozess intensiviert.
3. **Positive wechselseitige Abhängigkeit**
Sie liegt vor, wenn alle Gruppenmitglieder für den gemeinsamen Erfolg mitverantwortlich sind. Erst wenn alle Gruppenmitglieder erfolgreich sind, ist die Gruppe erfolgreich.
4. **Individuelle Verantwortung**
Sie liegt vor, wenn jeder seinen Anteil an der Gruppenarbeit erledigt und wenn jedes Gruppenmitglied in der Lage ist, das Gruppenergebnis und seinen persönlichen Lernfortschritt zu demonstrieren und die erworbenen Kenntnisse oder Fähigkeiten anzuwenden.
5. **Reflexion des Gruppen- und Arbeitsprozesses**
Wenn die Gruppenmitglieder über ihren gemeinsamen Lern- und Arbeitsprozess nachdenken, wird sich die Gruppenarbeit immer weiter verbessern und sie werden ihre fachlichen, methodischen, sozialen und personalen Kompetenzen Schritt für Schritt ausbauen."

(JOHNSON/JOHNSON 1999, S. 69 ff. In: BRÜNING/SAUM 2006, S. 133).

Grundlegend ist vor allem die *positive gegenseitige Abhängigkeit*, da alle Gruppenmitglieder auf ein Ziel hinarbeiten, sich dadurch verbunden fühlen und eine Gruppenidentität entwickeln. Die sogenannten *social skills* müssen in Form von wöchentlichen Sozialzielen (angemessene Lautstärke, Problemlösen – anderen helfen, Kritik freundlich äußern, andere ermutigen etc.) eingeführt und besprochen werden (vgl. WEIDNER 2003, S. 44).

2.3 Prinzipien kooperativer Methoden für die Unterrichtskonzeption

Das *Lernmotto* baut quasi auf unterschiedlichen „Lernprinzipien" auf, die entscheidende Aspekte von Lernen berücksichtigen, wie z. B. lebenslanges Lernen, Erfahrungen und Vorwissen, Nachdenken über das eigene Denken, individuelle Entwicklungsstadien, ressourcenreiches Umfeld oder aber auch die Zusammenarbeit mit Menschen unterschiedlicher (Lebens)Stile und Ansichten (vgl. GREEN/GREEN 2005, S. 26).

Think-Pair-Share (Denken-Austauschen-Vorstellen) gilt als Grundprinzip des kooperativen Lernens (vgl. BRÜNING/SAUM 2006, S. 17). Es handelt sich hier um ein besonders einfaches, dennoch gut geeignetes Modell, das die Kinder zum eigenständigen Denken, aber auch zu einer partnerschaftlichen Lösung führt. Geübt wird dabei, eine eigene Antwort zu formulieren, im Partnergespräch diese dem Partner mitzuteilen und anschließend ihm genau zuzuhören. Erst am Ende soll eine gemeinsame Lösung erarbeitet werden. Es handelt sich um eine Art Grundbaustein für alle kooperativen Methoden.

[2] WEIDNER erwähnt hier den Begriff der „Face-to-Face-Interaktion", da die Gruppenmitglieder ganz nah beieinander sitzen, um die Kommunikation und die Arbeitsprozesse zu optimieren (WEIDNER 2003, S. 35).

2.4 Zielgedanken des Konzeptes

HILBERT MEYER geht in seinem Buch UNTERRICHTSMETHODEN (2005) auf die Notwendigkeit und die Bedeutung der *Methodenkompetenz* bei Schülern ein. So heißt es: „Lehrer sollen das Kunststück fertigbringen, einerseits ihre Schüler zur möglichst selbstständigen Aneignung der sie umgebenden natürlichen und gesellschaftlichen Wirklichkeit zu führen, andererseits für sachlich-fachlich korrekte, den Zeit- und Arbeitsaufwand rechtfertigende Lernergebnisse Sorge zu tragen" (ebd., S. 153). Wie jedoch kann ein Lehrer diesen Aufgaben gerecht werden, ohne individuelle Lernbedürfnisse seiner Schüler zu vernachlässigen? Die sogenannte *Methodenkompetenz* der Kinder bezieht sich generell auf „die im Unterricht aufgebauten Sach-, Sozial- und Sprachkompetenzen" (ebd.). Aus einer Reihe von Methoden und Verfahren sollen die Kinder Einzelkompetenzen gewinnen und zu einem *ganzheitlichen Kopf- und Handarbeit integrierenden Begreifen, Beurteilen und Bewältigen von Handlungssituationen* befähigt werden (vgl. ebd.). Diese Aufgabe, die ein Lehrer in seinem Unterricht bewältigen muss, harmonisiert mit den Zielsetzungen des *Cooperative Learning.*

DAVID und ROGER JOHNSON geben vier verschiedene Ebenen an, auf denen die sozialen Kompetenzen in kooperierenden Lernformen Anwendung finden (JOHNSON/JOHNSON 2003, S. 130 ff.):

1. „*Formierungsfertigkeiten*: Grundlegende Fertigkeiten, die man braucht, um eine effiziente Gruppe zu bilden.
2. *Funktionsfertigkeiten*: Fertigkeiten, die man braucht, um die Gruppenarbeit beim Lösen der Aufgabe zu koordinieren und effiziente Arbeitsbeziehungen zwischen den Gruppenmitgliedern aufrechtzuerhalten.
3. *Denkfertigkeiten*: Fertigkeiten, die man braucht, um ein tiefes Verständnis des Lernstoffes aufzubauen, anspruchsvolle Denkstrategien hervorzurufen und den Lernstoff optimal zu beherrschen.
4. *Reflexionsfertigkeiten*: Fertigkeiten, die man braucht, um den Lernstoff zu rekapitulieren, kognitive Konflikte, weiterführende Informationen und Schlussfolgerungen anzuregen."

Die Zielgedanken, d.h. also die fachlichen sowie auch die sozialen Ziele, spiegeln sich in diesen vier Ebenen wider. In einzelnen Phasen (Einzel- und Gruppenarbeit) erwerben die Schüler Lese- und Problem- bzw. Konfliktlösungskompetenz sowie auch Diskussionsfähigkeit (vgl. ebd.). Durch das Einflechten kooperativer Lernmethoden in den Unterricht werden schlussendlich nicht nur neue Lernmethoden transparent gemacht und die Methodenkompetenz gefördert, sondern auch die geforderten sozialen und fachlichen Ziele verknüpft und auf jeden Schüler individuell übertragen.

Wie die nachstehende Tabelle veranschaulicht, werden insbesondere vier Kompetenzbereiche zum mündlichen und schriftlichen Sprachhandeln abgedeckt (vgl. MINISTERIUM FÜR SCHULE, JUGEND UND KINDER DES LANDES NRW (2008): Richtlinien und Lehrpläne zur Erprobung für die Grundschule in Nordrhein-Westfalen.

Kompetenzerwartungen

Sprechen und Zuhören	(„Die Schülerinnen und Schüler …")
– Verstehend zuhören	– signalisieren nonverbal ihr Verstehen und zeigen Zustimmung bzw. Ablehnung – stellen (gezielt) Fragen, wenn sie etwas nicht verstehen
– Gespräche führen	– beteiligen sich an Gesprächen, bringen eigene Beiträge bzw. Ideen und Meinungen ein und begründen diese – beachten gemeinsam entwickelte Gesprächsregeln – sprechen über eigene Gefühle und äußern sich zu Gedanken anderer
– Zu anderen sprechen	– sprechen „funktionsangemessen": sie erzählen, informieren, argumentieren – fassen gelernte Sachverhalte zusammen und sprechen über Lernerfahrungen
Schreiben	
– Texte situations- und adressatengerecht verfassen	– sprechen über Schreibanlässe und entwerfen Schreibideen – schreiben eigene Texte nach Vorgaben (funktionsangemessen)
Lesen – mit Texten und Medien umgehen	
– Über Lesefähigkeiten verfügen	– erlesen/verstehen kurze schriftliche Anleitungen und handeln danach – finden in Texten gezielt Informationen und können sie wiedergeben
– Über Leseerfahrungen verfügen	– lesen unterschiedliche Texte (Sach- und Erzähltexte) – formulieren eigene Gedanken, Vorstellungsbilder oder Schlussfolgerungen zu Texten und tauschen sich mit anderen darüber aus – erfassen zentrale Aussagen und geben sie zusammenfassend wieder
Sprache und Sprachgebrauch untersuchen	
– An Wörtern, Sätzen und Texten arbeiten	– sammeln und ordnen Wörter/legen Wortsammlungen nach thematischen Gesichtspunkten an
– Grundlegende sprachliche Strukturen und Begriffe kennen und anwenden	– Wort: Nomen, Verb, Adjektiv – Textformen: Geschichte, Sachtext, Erzähltext – Textteile: Überschrift, Zeile etc. – Situation: Sprecherin/Sprecher, Hörerin/Hörer, Schreiberin/Schreiber, Leserin/Leser

3. Methodische und organisatorische Hinweise

3.1 Die „Vorbereitungsphase“ für das kooperative Lernen

Unter Berücksichtigung des Lernstandes der Kinder (Methodenkompetenz, Arbeits- und Sozialverhalten) werden zunächst wesentliche organisatorische und methodische Entscheidungen getroffen.

Teambildung und *Teamentwicklung* sind zwei entscheidende Grundlagen für eine erfolgreiche Gruppenarbeit. Aus diesem Grund spielt die Zusammensetzung des Teams hier eine besonders wichtige Rolle, wobei man in kooperativen Lerngruppen zwischen unterschiedlichen Arten von Gruppen unterscheidet. WEIDNER unterscheidet drei verschiedene Arten von Lerngruppen:

„*Informelle oder Zufallsgruppen*: „Ad-hoc-Gruppierungen nach dem Zufallsprinzip, die nur für die Dauer eines Meinungsaustausches, einer Diskussion oder einer sonstiges Aktivität zusammen bleiben. Prinzip: Jeder soll potentiell mit jedem in Kontakt kommen.

Formale Gruppen: Lerngruppen, die nach spezifischen Strukturmerkmalen meist von der Lehrperson – in sensibler Kenntnis der Klasse – zusammengestellt werden, um gemeinsam eine umfangreichere Aufgabe oder ein Projekt durchzuführen.

Basisgruppen: Über einen langen Zeitraum hinweg ‚zusammengebundene‘ stabile Teams, die sich durch intensiven Austausch miteinander sehr nah kennen lernen und über die Zeit ein profundes Wir-Gefühl, eine deutliche Gruppenidentität entwickeln. Die Mitglieder ermutigen sich gegenseitig, geben sich permanent Hilfestellung und Unterstützung, fordern aber auch deutlich vereinbarte Bereiche ein.“

(WEIDNER 2003, S. 117)

Nach WEIDNER sollte für eine positive Erfahrung eine solche Gruppe mindestens zehn Wochen bzw. sogar bis zu einem ganzen Schuljahr über konstant bleiben (WEIDNER 2003, S. 117). Diese Entscheidung sollten die Kollegen unter Berücksichtigung der Vorerfahrungen der Klasse und ihrer Ziele treffen.

3.2 Strukturierungen der Unterrichtsphasen

Lernprozesse finden beim *Cooperative Learning* sowohl in der Einzelarbeit als auch in der Kleingruppenarbeit statt. Dieses Durchgliedern der Unterrichtsstunde in unterschiedliche Lernprozesse gewährleistet in der Folge eine Aktivierung des Vorwissens, eine Wissensverarbeitung und eine Wissenssicherung bzw. sogar eine Selbstreflexion. Darüber hinaus wird das Kind dazu motiviert, Rückmeldungen zu geben und mit anderen Kindern zusammenzuarbeiten.

Durchführung der *einzelnen Unterrichtssequenzen* nach einem gemeinsamen Einstieg in das Thema*:*

Aufgabenstellung
(für die einzelnen Themen)

- Hinführung und Klärung des Unterrichtsthemas sowie auch der fachlichen Ziele
- Materialbeschaffung
- Gruppen und Rollen festlegen

Einzelarbeit

Partnerarbeit/Gruppenarbeit

Präsentation der Ergebnisse

Reflexion

evtl. Abschlussgespräch (Plenum)

3.3 Das Arbeitskonzept

Das Lernkonzept *kooperatives Lernen* sieht keinen speziellen zeitlichen Rahmen vor, sodass im Grunde die Methoden jederzeit erneut eingeführt bzw. bei Bedarf im Unterricht eingesetzt werden können. Die vorliegenden Materialien können auch in Klassen ohne Vorkenntnisse mit Partner- bzw. Gruppenarbeiten gemeinsam bearbeitet werden.

3.4 Zur Auswahl kooperativer Lernformen für den Deutschunterricht

An dieser Stelle muss der Frage nachgegangen werden, welche Methoden sich generell für die entsprechenden Klassenstufen eignen. Grundsätzlich ist allen Methoden das *Grundprinzip Denken-Austauschen-Vorstellen* (*Think-Pair-Share*) gleich, d.h. dass vor den *Austauschphasen* eine Phase der *Einzelarbeit* ansteht, die in diesem Fall durch das Lesen von Erzähl- oder Sachtexten gekennzeichnet ist. Abschließend erfolgt eine *Präsentationsphase*, bei der die Gruppen im Plenum kurz ihre Ergebnisse vorstellen sollen.

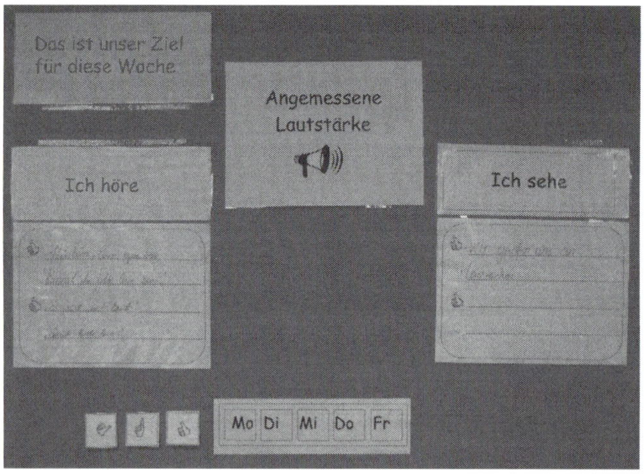

Vorab sei erwähnt, dass das *„TeamPinBoard“* nach KLEINDIEK eine sehr hilfreiche Form der Visualisierung und Vereinfachung der Sozialziele darstellt. An dieser Pinnwand wird das wöchentlich einzuführende Sozialziel formuliert und hinsichtlich seiner Merkmale gemeinsam erarbeitet. Die Schüler reflektieren diesbezüglich ihr Verhalten und unterscheiden dabei in Form eines *T-Charts* zwischen auditiven sowie auch visuellen Besonderheiten des jeweiligen Sozialziels („Das hören wir./Das sehen wir.“ GREEN/GREEN 2005, S. 93). Es dient dazu, die Sozialfertigkeiten gezielt im Unterricht zu vermitteln (vgl. KLEINDIEK 2000, S. 25 f.). Alle Schüler sind angehalten, sich in den Unterrichtseinheiten der jeweiligen Woche auf dieses Ziel einzulassen.

Mögliche Sozialziele, die mit den Kindern besprochen werden, können sein:

- Probleme lösen und anderen helfen
- Freundlich zu den anderen Gruppenmitgliedern sein
- Leise reden, um die anderen nicht zu stören

Um die Partneraktivitäten effektiv zu fördern, eignet sich das *Drei-Schritt-Interview*. Es handelt sich primär um einen mündlichen Informationsaustausch, der in jedem Fall in alle Unterrichtsvorhaben sehr gut integriert werden kann. *Platzdeckchen, Fischgräte, Gruppenpuzzle* und *runder Tisch* sind weitere kooperative Methoden, bei denen ein schriftlicher Austausch zwischen den Schülern stattfindet. Zweifelsohne eignen sich alle Methoden, da außer der bekannten *Partnerarbeit* keine spezifischen Vorerfahrungen obligatorisch sind. Eine Berücksichtigung einer bestimmten Reihenfolge beim Einsetzen dieser Methoden ist nicht erforderlich, da diese nicht aufeinander aufbauen und daher unabhängig voneinander einsetzbar sind.

Die zeitlichen Rahmenbedingungen werden durch die Lehrkraft vorgegeben und mit einem akustischen Signal kenntlich gemacht. Dennoch ist es auch die Aufgabe der *Zeitmanager* innerhalb ihrer Gruppen, die Gruppenmitglieder regelmäßig auf die Einhaltung der Zeit aufmerksam zu machen.

Im Nachstehenden werden wesentliche Merkmale der eingesetzten Methoden kurz erläutert:

Drei-Schritt-Interview

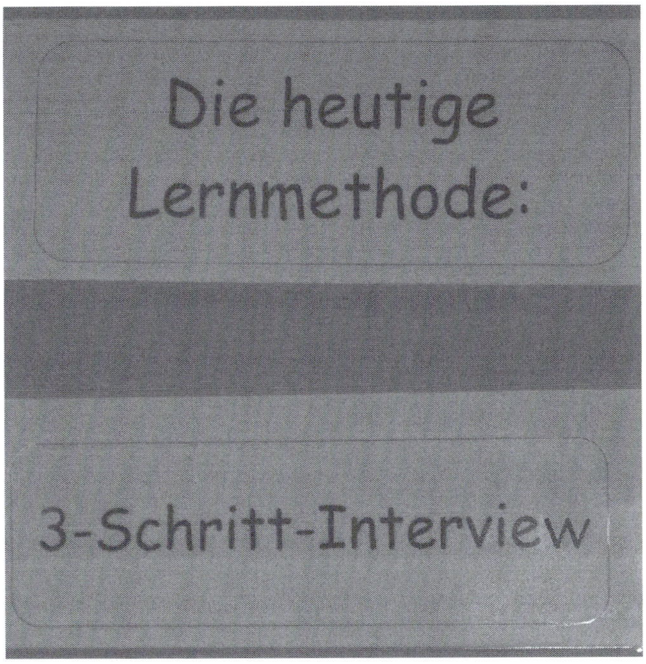

Bei dieser Methode verrät die Benennung bereits, dass es sich um ein Interview handelt. Auch hier findet vor der Austauschphase (*Interview*) zunächst eine Einzelarbeit statt, in der die Kinder z. B. einen Text lesen oder eine bestimmte Aufgabe bewältigen müssen (BRÜNING/SAUM 2006, S. 39). In einem Dreierteam befragt Schüler A Schüler B, während Schüler C die wichtigsten Punkte mitschreibt. Anschließend werden die Rollen gewechselt, sodass jeder einmal interviewt wird. In einer Vierergruppe können sich zwei Partner parallel zur gleichen Zeit interviewen, sodass auch hier die Rollen anschließend wieder getauscht werden können. In einem letzten Schritt kommt in beiden Fällen die Gruppe wieder zusammen und jedes Gruppenmitglied berichtet die Antwort seines Partners (vgl. WEIDNER 2003, S. 148).

Platzdeckchen/Placemat

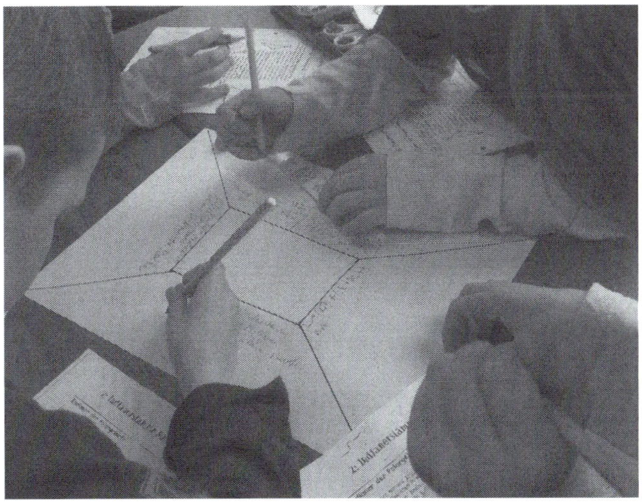

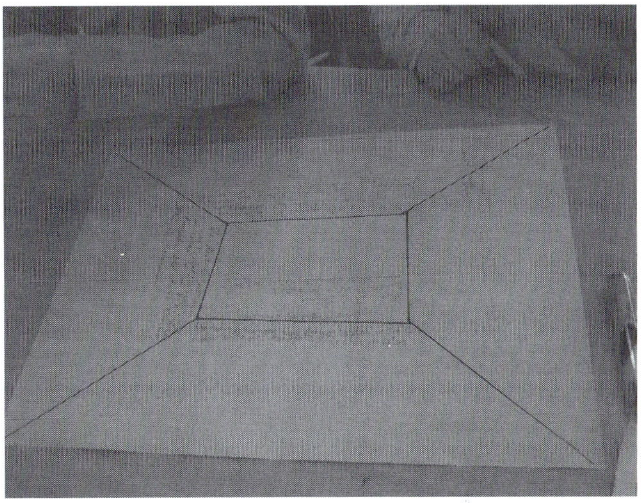

Die *Placemat*-Methode basiert ebenfalls auf dem Dreischritt *Denken-Austauschen-Vorstellen* (vgl. BRÜNING/SAUM 2006, S. 25). Die Vorgehensweise sieht so aus, dass gleich nach Klärung der Aufgabenstellung die Gruppenmitglieder individuell anfangen können zu arbeiten. Jede Arbeitsgruppe bekommt ein gemeinsames Arbeitsblatt, auf dem jeder einen eigenen „Schreibbereich" hat und die Mitte des *Platzdeckchens* für ein gemeinsames Gruppenergebnis nach Absprache freigehalten wird (vgl. WEIDNER 2003, S. 149). Abschließend stellt der *Präsentator* der Gruppe das Endergebnis der Klasse vor.

Runder Tisch

Der *runde Tisch* (*round table*) ist ebenfalls eine schriftliche Form des kooperativen Austausches. Bei diesem Verfahren bekommt die Gruppe nach der Einzelarbeit ein Blatt Papier und einen Stift, die für die gemeinsame Ideensammlung innerhalb der Gruppe weitergereicht werden. Dieser Arbeitsbogen wird solange weitergegeben, bis er wieder bei dem *„Absender“* ankommt (WEIDNER 2003, S. 147). Je nach Aufgabenstellung wird die Ausgangsidee weiterentwickelt. Das Absender-Kind vergleicht nun die einzelnen Antworten mit seiner eigenen Antwort und bespricht sie mit den anderen Gruppenmitgliedern. Man kann diese Methode auch abwandeln, indem die freie Diskussion mithilfe von Redekärtchen strukturiert wird (BRÜNING/SAUM 2006, S. 35).

Abschließend erfolgt eine „gegenseitige Feedbackrunde“ als gemeinsamer Abschluss (WEIDNER 2003, S. 154).

Die Fischgräte

Diese Darstellung ist eine Diagrammform, bei der sich die Gruppenmitglieder Gedanken um die aufgestellte Fragestellung bzw. Problematik machen und diese dann stichpunktartig an den einzelnen „Gräten“ anordnen. Dabei sortieren sie ihre Gedanken und fassen die Kernprobleme in übersichtlicher Form kurz und bündig zusammen.

Gesprächskarussell

Das Gesprächskarussell ist eine mündliche Form der kooperativen Lernmethoden. Die Teilnehmer bilden einen Innen- und einen Außenkreis, so dass sich immer zwei Gesprächspartner gegenüberstehen (bei einer ungeraden Anzahl wechseln sich zwei nebeneinanderstehende Teilnehmer ab). Die Gesprächszeit wird durch ein akustisches Signal vorgegeben. Je nach Aufgabenlänge kann das Gespräch zwischen den gegenüberstehenden Teilnehmern ein bis zwei Minuten dauern. Nach dem akustischen Signal geht der innere oder äußere (je nach Vereinbarung) Kreis einen Schritt nach rechts. Auf diese Weise stehen sich wieder zwei neue Gesprächspartner gegenüber.

Reflexionsbögen

Die schriftliche Form der Selbstreflexion dient der intensiven Auseinandersetzung mit dem individuellen Lernzuwachs *(Das fand ich gut./ Dabei hatte ich Schwierigkeiten./Daran werde ich arbeiten.).* Ziel ist es, dass die Kinder Selbstvertrauen gewinnen und Zuversichtlichkeit in die eigene Leistung einbringen. Die Reflexionsbögen sollten noch am Ende der Stunde eingesetzt werden, direkt nach der Gruppenarbeit, da die Reflexion dann noch sehr frisch und effektiv ist. Je nach Zeit und Wunsch kann die Reflexion auch anschließend kurz mündlich im Plenum erfolgen.

4. Grundlegende Vorentscheidungen

Zu Beginn der Gruppenarbeiten werden teambildende Maßnahmen durchgeführt. Um das Ziel des kooperativen Lernens nicht aus den Augen zu verlieren, wird auch hier – trotz Klassengemeinschaft – darauf geachtet, dass die Kinder „gegenseitige Unterstützung erleben, individuelle Unterschiede schätzen und Synergie entwickeln" sollen (WEIDNER 2003, S. 51). Bei festen Gruppen, die während des gesamten Konzeptes bewahrt bleiben, können die Kinder mithilfe eines „Namensschildes" oder eines Gruppenplakates zunächst einmal eine Gruppenidentität aufbauen (*Namensschild, Gruppenmotto*).

Rollenverteilung innerhalb einer Arbeitsgruppe ist im kooperativen Lernkontext eine weitere methodische Besonderheit. Sie fördert eine klare Strukturierung der Gruppenaufgabe, indem jedes Gruppenmitglied eine bestimmte Rolle übernimmt und entsprechend eine individuelle Aufgabe zu leisten hat. Ziel ist es, dass jedes Mitglied eine möglichst große Bandbreite von Rollen und Aufgaben kennenlernt, um „*Selbst- und Handlungskompetenz*" zu gewinnen (WEIDNER 2003, S. 60). Außerdem entgeht man damit der grundlegenden Gefahr, dass „einer arbeitet und die anderen nur zuschauen". Auf diese Weise trägt jedes Kind eine Verantwortung innerhalb seines Teams. Die Rollen können bei den unterschiedlichen Aufgaben auch getauscht werden. Grundsätzlich kann man fachliche Rollen, sogenannte *Arbeitsrollen*, wie z. B. Leser, Schreiber, Zeitwächter, Ermunterer oder Präsentator, von *sozialen Rollen* (Energiespender, Lautstärkenmanager, Materialmanager etc.) unterscheiden (vgl. ebd.). Die Lehrerin kann hier die Rollen vorgeben und sich evtl. bewusst Kinder für bestimmte Rollen aussuchen oder diese nach einem Zufallsprinzip verteilen[3].

[3] Die im Vorfeld erläuterten Möglichkeiten zur Aufgabenteilung innerhalb einer Arbeitsgruppe können je nach Gruppengröße und Arbeitsaufgabe eingesetzt werden.

Beispiele für Symbole:

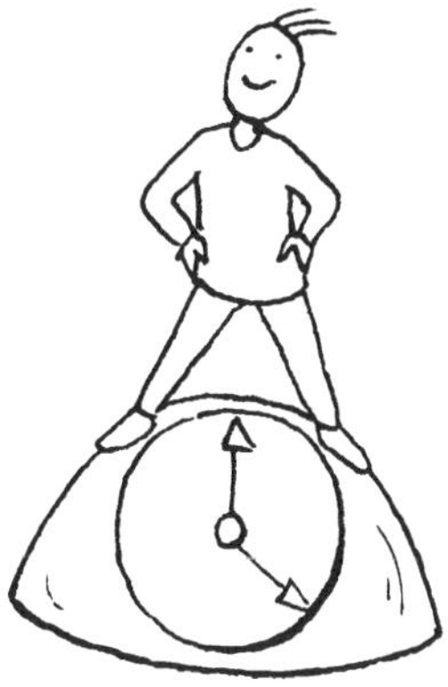

Zeitmanager

Lautstärkenregler

Materialmanager

Ermunterer

Schreiber

Präsentator

5. Hinweise zu den Arbeitsmaterialien

Ausgangspunkt der kooperativen Lernmethoden im Unterricht ist, die sozial-kommunikativen Fähigkeiten sowie auch in diesem Rahmen die Lesekompetenz der Kinder zu fördern.

Die folgenden Materialien eignen sich für das 2. bzw. 3. Schuljahr. Das Textmaterial sowie die dazugehörigen Aufgabenstellungen wurden zum Teil differenziert, sodass sie je nach Klassenstufe oder innerhalb einer Klasse zur individuellen Differenzierung eingesetzt werden können.

In dem letzten Unterrichtsbeispiel (*Vergleich zwischen Sach- und Erzähltexten*) erfahren die Kinder wesentliche charakteristische Merkmale zwischen diesen beiden Textformen:

Sachtexte	**Erzähltexte**
– enthalten **Informationen** bezüglich eines bestimmten Sachverhaltes/einer Sachlichkeit – werden in der dritten Person geschrieben (es gibt keinen Erzähler) – Zeitform: Präsens	– haben einen Unterhaltungswert/enthalten auch persönliche Meinungen oder Gefühle – können aus unterschiedlichen Perspektiven geschrieben werden – Erzähler – Zeitform: unterschiedlich (Präsens oder Präteritum)

Diese Aufgabe sollte aufgrund des Schwierigkeitsgrades erst gegen Ende des zweiten Schuljahres eingesetzt werden.

Die angegebenen „Stationen“ dienen nur dann als „freie“ Stationen, wenn die Kinder bereits mit den kooperativen Arbeitsformen vertraut sind. Andernfalls können sie dennoch als solche im Klassenraum aufgebaut werden, sollten aber gemeinsam abgehandelt werden. So dient die Aufteilung der Aufgaben in Stationen vor allem der Übersichtlichkeit.

Die Textformen Sach- und Erzähltexte können in der Klasse „optisch differenziert“ werden, indem man z. B. zwei Thementische mit entsprechender Literatur vorbereitet. Des Weiteren können die Kinder auf kleine Zettel aufschreiben, was ihnen bezüglich dieser Textformen aufgefallen ist (Informationen, Dialoge etc.) und sie auf die entsprechenden Plakate kleben. So hat man am Ende eine gemeinsame Gegenüberstellung dieser Textformen.

Die Piktos auf den Aufgabenkarten symbolisieren die Arbeitsform, die für die Zusammensetzung der Gruppen notwendig ist:

 Einzelarbeit

 Partnerarbeit

 Gruppenarbeit (3 bis 4 Kinder)

Die Symbole für die Rollen innerhalb der Gruppen sollten in Großformat in der Klasse zur Visualisierung hängen und auch in Kleinformat (evtl. mit Sicherheitsnadel befestigt zum Anstecken oder auf die Tische geklebt) an die Kinder gegeben werden, sodass sie sich mit dieser Rolle identifizieren können. Beim späteren Rollentausch können sie die Karten weitergeben. Bei den angegebenen Rollen in den einzelnen Unterrichtsbeispielen handelt es sich um Vorschläge, die auch durch andere Dienste ersetzt werden können.

Die einzelnen Arbeitsblätter für die Gruppenarbeiten sollten beim Kopieren vergrößert werden (z. B. auf DIN-A3), damit die Kinder genügend Platz zum Schreiben haben.

Übungen zum Abc – das A

Methode Partnerarbeit – *Einführung des „Think-Pair-Share"-Prinzips (Denken-Austauschen-Vorstellen)*

Vorgehensweise Think-Pair-Share ist die Grundlage aller kooperativen Methoden: Denken – Austauschen – Vorstellen. Sie trifft sowohl bei Partnerarbeiten als auch bei Gruppenarbeiten zu, da die Kinder in beiden Fällen zunächst selber „denken" und eine Aufgabe erarbeiten und sich anschließend mit ihrem Partner bzw. ihrer Gruppe austauschen sollen. Bevor Gruppenaufgaben eingeführt werden, bietet es sich an, dieses Prinzip erst einmal mit einem Partner, z. B. mit dem Tischnachbarn, zu üben.

Rollen in der Gruppe Materialmanager, Zeitmanager, Lautstärkenregler

Materialien Aufgabenkarten, Gedicht, Tabelle (siehe S. 95)

Wort-Beispiele *Abend, Adler, Affe, Alter, Ampel, Angeber, Angel, Angst, Apfel, Aprikose, Arzt, Auge, abenteuerlich, acht, alt, aufregend, anziehen (weitere Verben mit der Vorsilbe „an-") etc.*

Aufgabe 1:

1. Lies das Gedicht.
2. Unterstreiche alle Wörter mit dem Anfangsbuchstaben A/a.
3. Trage die Wörter in die Tabelle ein. Achte darauf, ob das Wort ein Nomen, ein Verb oder ein Adjektiv ist.

   Was fällt dir auf?

Aufgabe 2:

1. Finde noch weitere Wörter mit dem Anfangsbuchstaben „A/a“.
2. Vergleiche deine Wörter mit deiner Partnerin oder deinem Partner.
3. Schreibe die neuen Wörter in deine Tabelle.

Das A

Am Abend segeln wir fort.
Unser Schiff heißt „Amanda".
Unser Kapitän heißt Ali.
Hört mal, wie er brüllt!
„Alle Mann an Bord?"
Aber klar sind alle an Bord!
Also dann hoch mit dem Anker!
An Bord sind acht gute Piraten.
Alle acht lieben das Abenteuer.
Alle acht kennen keine Angst.

Katja Königsberg

Übungen zum Abc – das Z

Methode
Partnerarbeit – *Einführung des „Think-Pair-Share"-Prinzips (Denken-Austauschen-Vorstellen)*

Rollen in der Gruppe
Materialmanager, Zeitmanager, Lautstärkenregler

Materialien
Aufgabenkarten, Gedicht, Tabelle (siehe S. 95)

Wort-Beispiele
Zahl, Ziege, Zaun, Zug, Zacken, zehn, Zelt, Zimmer, Zigeuner, Zukunft, zaubern, zielen, zählen, umziehen, Pelz, Schnauze, Warze, Kerze, Prinz, kurz, Scherz, Heizung, Salz, winzig, Dezember, Rezept, Medizin, Benzin, tapezieren, Polizei

Aufgabenkarten – das Z

Aufgabe 1:

1. Lies das Gedicht.
2. Unterstreiche **alle** Wörter mit Z/z.
3. Trage die Wörter in die Tabelle ein.

Aufgabe 2:

1. Finde weitere Wörter bei denen der Buchstabe „Z/z" am Anfang, in der Mitte und am Ende steht.
2. Vergleiche mit deiner Partnerin oder deinem Partner.
3. Schreibe die neuen Wörter in die Tabelle.

Der letzte Buchstabe

Das Z gehört zum Alphabet,
auch wenn es ganz am Ende steht.
Am Ende steht es auch bei Herz,
bei Holz, bei Pilz, bei Netz, bei Schmerz.

Doch manchmal, wie bei Zwerg und Zorn,
da steht das Z im Wort ganz vorn.
Im Zahnweh oder Zwiebelkuchen
muss man das Z nicht lange suchen.

Dagegen wird es kaum entdeckt,
wenn es sich gut im Wort versteckt.
So bei den fünfzehn schwarzen Katzen
und ihren sechzig schwarzen Tatzen.

Ganz stolz erzählt das Zirkuszelt,
dass es sogar zwei Z enthält.
Erstaunt fragt da der Grizzlybär,
ob das denn was Besonderes wär.

Paul Maar

Frühlingsgedichte

Frühlingswörter sammeln/Frühlingsakrostichon

Methode

Gruppenpuzzle – Jigsaw
(Die Gruppengröße sollte maximal bei vier Kindern liegen. Um größere Gruppen zu vermeiden, sollten je nach Klassenstärke die Symbolkarten ergänzt bzw. weitere Gedichte zur Verfügung gestellt werden.)

Vorgehensweise

Zunächst müssen alle Kinder eine Symbolkarte für die Gruppenzusammenstellungen ziehen. Auf diesen Karten sind jeweils zwei Symbole zu sehen: 1. ein Tier und 2. ein Gegenstand. Diese sind wichtig für die Konstellation der *Stamm- und Expertengruppen*. Das erste Symbol steht für die Stammgruppe. Hier müssen sich alle Kinder mit demselben Tiersymbol als sogenannte „Stammgruppe" zusammensetzen. Jede Stammgruppe erhält ein Frühlings- bzw. Herbstgedicht und die entsprechenden Aufgabenkarten.
In dieser Stammgruppe erarbeiten die Kinder gemeinsam ihre Aufgabe, sodass sie zu „Experten" dieses Gedichtes werden. Nach einem Signal des Lehrers bzw. nach vereinbarter Zeit werden neue Gruppen gebildet; diesmal treffen sich alle Kinder, bei denen das zweite Symbol identisch ist. In dieser neuen Konstellation stellen die Experten die Aufgabenergebnisse aus ihrer Stammgruppe vor (hier: die Herbst- bzw. Frühlingswörter, die aus dem jeweiligen Gedicht erarbeitet wurden). In der neuen Gruppe ergänzen die Kinder ihre eigenen Ergebnisse mit den neuen Informationen. Nach einem erneuten Signal des Lehrers treffen sich die Kinder wieder in ihren Stammgruppen zusammen und erarbeiten die letzte Aufgabe: Sie vergleichen kurz ihre Ergebnisse und gestalten abschließend das Gruppenplakat bzw. das Frühlingsakrostichon. Anschließend werden die Gruppenergebnisse im Museumsgang erkundet.

Ziel

Kinder lernen Gedichte bzw. Texte kennen, ohne sie selber einzeln intensiv zu erarbeiten. Sie tragen sich gegenseitig die Gedichte vor und geben Informationen weiter. Durch Kommunikation und Zusammenarbeit werden Gedichte gemeinsam erschlossen.

Rollen für die Gruppenarbeit

Materialmanager, Zeitmanager, Lautstärkenregler, Schreiber, Präsentator

Materialien

Gedichte, Aufgabenkarten, Symbolkarten (siehe S. 96), farbiges DIN-A4-Blatt (für das Akrostichon)

Einzelaufgabe:

1. Lies das Gedicht.

2. Unterstreiche alle „Frühlingswörter".

1. Gruppenaufgabe für die Stammgruppe:

1. Ein Kind liest das Gedicht laut vor.

2. Vergleicht eure Ergebnisse: Welche Frühlingswörter habt ihr gefunden?

Gruppenaufgabe für die Expertengruppe:

1. Lies den anderen Kindern das Gedicht aus deiner Stammgruppe vor.

2. Trage die Frühlingswörter, die ihr gefunden habt, vor.

3. Schreibe die neuen Frühlingswörter auf.

2. Gruppenaufgabe für die Stammgruppe:

1. Vergleicht eure Ergebnisse aus den Expertengruppen.
2. Schreibt ein Frühlingsakrostichon mit den Frühlingswörtern.
3. Hängt euer Akrostichon in der Klasse auf.
4. Macht einen Museumsgang und betrachtet die Ergebnisse der anderen Gruppen. *Überlegt: Was ist anders?*

Wie schreibt man ein Frühlingsakrostichon?

1. Wähle ein Frühlingswort.
2. Schreibe die Buchstaben untereinander.
3. Überlege zu jedem Buchstaben ein neues Frühlingswort.

Beispiele

Frühlingsfrische
Riechen
Überall sind Knospen
Himmelblau
Löwenzahn
Insekten
Nest
Grün

Biene
Luft
Überall ist es grün
Hören
Erwachen
Natur

Frühling

Hoch oben von dem Eichenast
eine bunte Meise läutet
ein frohes Lied, ein helles Lied,
ich weiß auch, was es bedeutet.

Es schmilzt der Schnee, es kommt das Gras,
die Blumen werden blühen,
es wird die ganze weite Welt
in Frühlingsfarben glühen.

Die Meise läutet den Frühling ein,
ich hab' es schon lange vernommen.
Er ist zu mir bei Eis und Schnee
mit Singen und Klingen gekommen.

Hermann Löns

Herr Winter geh' hinter

Herr Winter geh' hinter
der Frühling kommt bald!
Das Eis ist geschwommen,
die Blümlein sind kommen
und grün wird der Wald.

Herr Winter geh' hinter,
dein Reich ist vorbei.
Die Vögelein alle
mit jubelndem Schalle,
verkünden den Mai.

Christian Morgenstern

Frühling

Eines Morgens ist der Frühling da.
Die Mutter sagt,
sie riecht ihn in der Luft.
Pit sieht den Frühling.
An den Sträuchern im Garten
sind hellgrüne Tupfen.
Anja hört den Frühling.
Neben ihr, auf dem Dach,
singen die Vögel.

Unten vor dem Haus
steigt Vater in sein Auto.
Er fühlt den Frühling.
Die Sonne scheint warm
auf sein Gesicht.

Aber schmecken
kann man den Frühling noch nicht.
Bis die Erdbeeren reif sind,
dauert es noch lange.

Christine Nöstlinger

Ich freu mich auf den Frühling

Nach draußen laufen, Sonne fühlen,
zum ersten Mal im Sand rumwühlen,
mit Glitzerseifenblasen tanzen,
die ersten Frühlingsblumen pflanzen,
mich hinterm Lieblingsbusch verstecken,
den Spielplatz wieder neu entdecken,
nach meinem Igel Ausschau halten,
für Ostern bunte Hühner falten.

Und beim Zubettgeh'n immer denken:
Ob sie mir einen Hasen schenken?

Regina Schwarz

Es grünen die Bäume des Waldes

Es grünen die Bäume des Waldes,
es kündigt der Frühling sich an,
hinweg mit dem frostigen Winter,
der Frühling ist ein sanfter Mann!

Die langen, goldnen Strahlen,
sie sind wie ein langes Haar!
Die Veilchen im tiefen Grase
sind blau wie ein Augenpaar!

Friederike Kempner

Die ersten Veilchen

Ei, was blüht so heimlich am Sonnenstrahl?
Das sind die lieben Veilchen, die blühn' im stillen Thal,
blühen so heimlich im Moose versteckt,
drum haben auch wir Kinder kein Veilchen entdeckt.

Und was steckt sein Köpfelein still empor?
Und was lispelt aus dem Moose leise, leis' hervor?
„Suchet, so findet ihr! Suchet mich doch!"
„Ei, warte Veilchen, warte! Wir finden dich noch!"

August Heinrich Hoffmann von Fallersleben

Die Tulpe

Dunkel
war alles und Nacht.
In der Erde tief
die Zwiebel schlief,
die braune.

Was ist das für ein Gemunkel,
was ist das für ein Geraune,
dachte die Zwiebel,
plötzlich erwacht.

Was singen die Vögel da droben
und jauchzen und toben?
Von Neugier gepackt,
hat die Zwiebel einen langen Hals gemacht
und um sich geblickt
mit einem hübschen Tulpengesicht.
Da hat ihr der Frühling entgegengelacht.

Josef Guggenmos

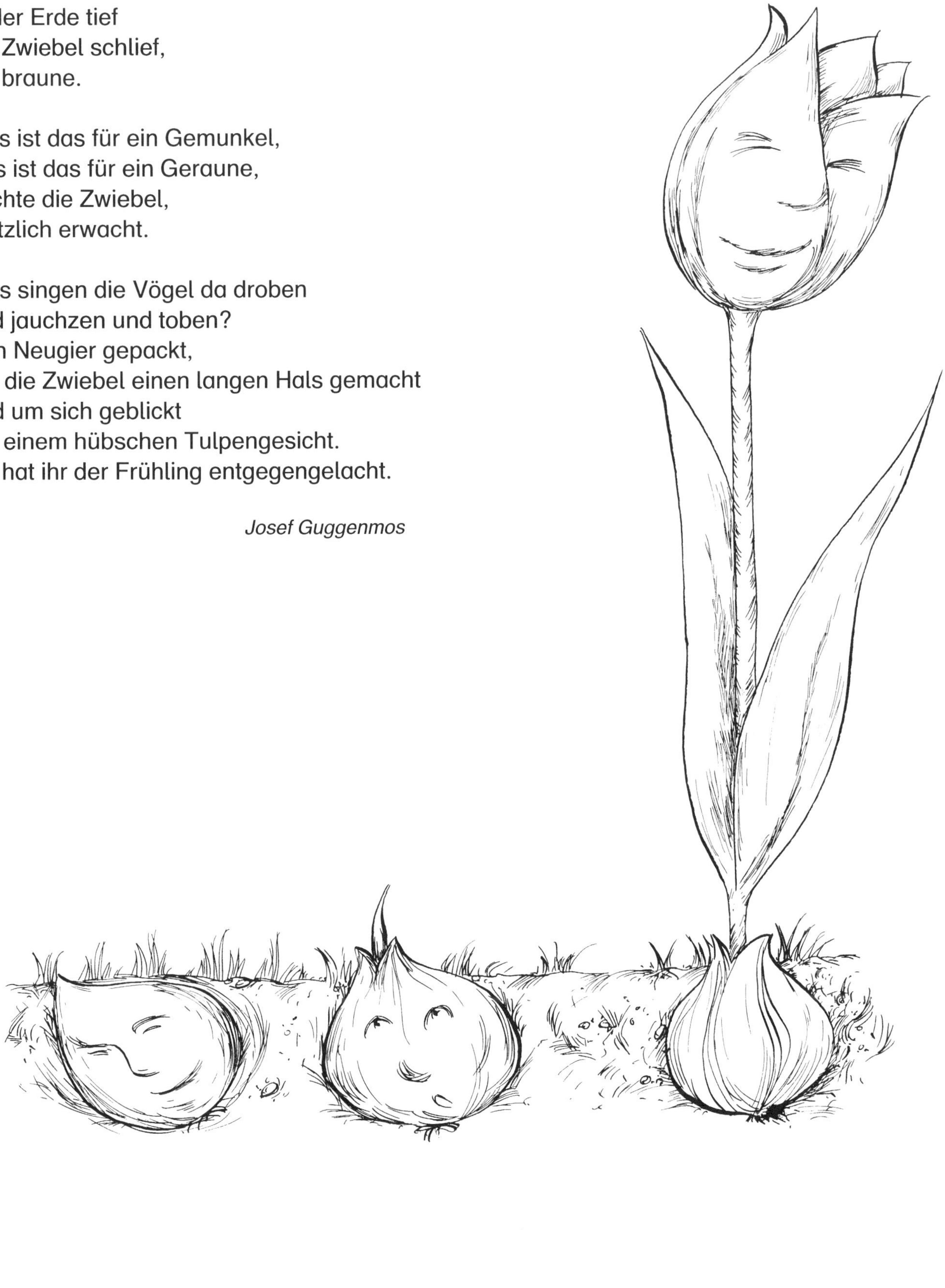

Herbstgedichte

Herbstwörter sammeln/Herbstplakat

Methode Gruppenpuzzle – Jigsaw

Rollen für die Gruppenarbeit Materialmanager, Zeitmanager, Lautstärkenregler, Schreiber, Präsentator

Materialien Gedichte, Aufgabenkarten, Symbolkarten (siehe S. 96), DIN-A3-Blatt bzw. farbiger Tonkarton sowie Schere, Kleber und evtl. Bildmaterial für ein Lernplakat

Aufgabenkarten

Einzelaufgabe:

1. Lies das Gedicht.
2. Unterstreiche alle „Herbstwörter".

1. Aufgabe für die Stammgruppe:

1. Ein Kind liest das Gedicht laut vor.
2. Vergleicht eure Ergebnisse: Welche Herbstwörter habt ihr gefunden?

Aufgabe für die Expertengruppe:

1. Lies den anderen Kindern das Gedicht aus deiner Stammgruppe vor.
2. Trage die Herbstwörter, die ihr in eurem Gedicht gefunden habt, vor.
3. Schreibe die neuen Herbstwörter auf.

2. Aufgabe für die Stammgruppe:

1. Vergleicht eure Ergebnisse aus den Expertengruppen.
2. Gestaltet euer Herbstplakat: Wortbilder malen, Fotos aus Zeitschriften etc.
3. Hängt euer Plakat in der Klasse auf.
4. Macht einen Museumsgang und betrachtet die Plakate der anderen Gruppen. *Überlegt gemeinsam: Was ist anders?*

Herbst

Im Herbst muss man Kastanien aufheben,
die braun aus stacheliger Schale streben;
man sammelt und sammelt um die Wette
und fädelt sie zu einer endlosen Kette.

Im Herbst muss man Haselnüsse essen,
das darf man auf keinen Fall vergessen!
Man muss sich beeilen, denn das Eichhorn mag sie auch
und plündert mit Windeseile den Strauch.

Im Herbst muss man Äpfel und Birnen schmausen,
doch nicht aus des Nachbarn Garten mausen.
Man muss sich mit eigenen Früchten befassen
oder sich nicht erwischen lassen.

Im Herbst muss der bunte Drachen steigen.
Man muss ihm den Weg in den Himmel zeigen.
Dann schwebt er hoch über Nachbars Dach
und man reckt den Hals und schaut ihm nach.

Ilse Kleeberger

Bunt sind schon die Wälder

(Herbstlied)

Bunt sind schon die Wälder,
gelb die Stoppelfelder,
und der Herbst beginnt.
Rote Blätter fallen,
graue Nebel wallen,
kühler weht der Wind.

Wie die volle Traube,
aus dem Rebenlaube,
purpurfarbig strahlt!
Am Geländer reifen
Pfirsiche mit Streifen
rot und weiß bemalt.

Sieh! Wie hier die Dirne
emsig Pflaum' und Birne
in ihr Körbchen legt!
Dort, mit leichten Schritten,
jene goldne Quitten
in den Landhof trägt!

Flinke Träger springen,
und die Mädchen singen,
alles jubelt froh!
Bunte Bänder schweben,
zwischen hohen Reben,
auf dem Hut von Stroh!

Geige tönt und Flöte
bei der Abendröte
und im Mondenglanz
junge Winzerinnen
winken und beginnen
deutschen Ringeltanz.

Freiherr Johann Gaudenz

Der Herbst steht auf der Leiter

Der Herbst steht auf der Leiter
Und malt die Blätter an,
Ein lustiger Waldarbeiter,
Ein froher Malersmann.

Er kleckst und pinselt fleißig
Auf jedes Blattgewächs,
Und kommt ein frecher Zeisig,
Schwupp, kriegt der auch nen Klecks.

Die Tanne spricht zum Herbste:
Das ist ja fürchterlich,
Die andern Bäume färbste,
Was färbste nicht mal mich?

Die Blätter flattern munter
Und finden sich so schön.
Sie werden immer bunter.
Am Ende falln sie runter.

Peter Hacks

Blätter

Das erste Blatt ist gelb,
das zweite Blatt ist rot,
das dritte Blatt ist braun.
Sie liegen unterm Baum –
gelbes Blatt,
rotes Blatt,
braunes Blatt.
Da kommt ein Wind,
lässt sie tanzen geschwind,
gelb und rot und braun –
um den Baum.

Rosemarie Künzler-Behncke

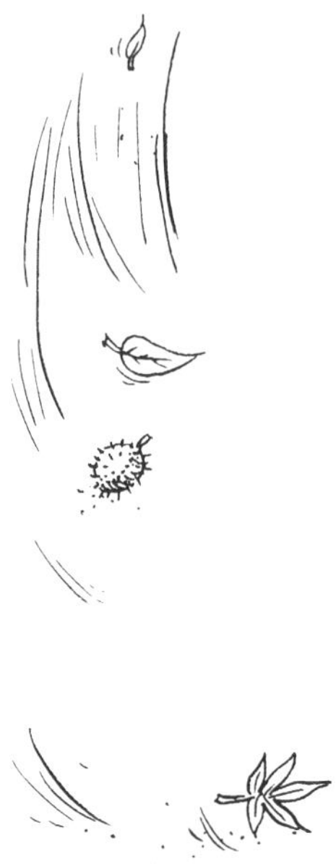

Oktober

Es kommt eine Zeit
da fragen wir uns:
Was soll denn nur werden?
Die Luft schmeckt so bitter.
Die Vögel sind über alle Berge.
Der Nebel macht die Häuser bleich.
Aufs Dach trommeln Kastanien.
Die kleinen Tiere gehen
unter der Erde spazieren.

Wir müssen ins Haus zurück –
Da hält uns der Regen gefangen.

Elisabeth Borchers

Die Geschichte vom Vater, der die Wand hoch ging

Ein Vater ärgerte sich oft über seinen Jungen, weil er ihm zu ängstlich war.
Der Junge hatte nämlich Angst vor fremden großen Hunden.
Er hatte Angst vor den beiden frechen Mädchen von nebenan.
Er hatte auch Angst, wenn das Licht im Treppenhaus plötzlich ausging.
„Und so einer will mein Sohn sein!", rief der Vater.
„Ich könnte die Wände raufgehen!"

Das tat er dann. Er ging vor Wut die Wand hoch. Als er aber an die Zimmerdecke kam, fiel er vor Schreck wieder herunter.
Da oben saß nämlich eine Spinne.

Ursula Wölfel

Aufgabenkarte 1

1. Der Vater ärgert sich über seinen Sohn. Was meinst du dazu?

____

____

____

2. Wovor fürchtest **du** dich?

____

____

____

Lückenbüßer

Bei Jörg ist das so:

Ist der Marc bei ihm,
dann lässt er mich stehn
und ich kann nach Hause gehen.

Ist der Sven bei ihm,
dann lässt er mich stehn
und ich kann nach Hause gehen.

Ist die Silke bei ihm,
dann lässt er mich stehn
und ich kann nach Hause gehen.

Ist Jörg aber allein,
dann sagt er: „Komm rein!"

Regina Schwarz

Aufgabenkarte 2

Wie findest du Jörgs Verhalten? Warum?

Wann Freunde wichtig sind

Freunde sind wichtig
zum Sandburgen-Bauen,

Freunde sind wichtig,
wenn andre dich hauen,

Freunde sind wichtig
zum Schneckenhaus-Suchen,

Freunde sind wichtig
zum Essen von Kuchen.

Vormittags, abends,
im Freien, im Zimmer…
Wann Freunde wichtig sind?
Eigentlich immer!

Georg Bydlinski

Aufgabenkarte 3

Warum findest du Freunde wichtig?

Kinder auf Lektüre neugierig machen

Einstieg in eine Lektüre am Beispiel „Hexe Lilli zaubert Hausaufgaben" von Knister

Methode

Gruppenpuzzle – Jigsaw
Die Vorgehensweise dieser Lernmethode wurde bereits bei den Gedichten genau erklärt. Die einzelnen Phasen bleiben auch bei diesem Thema erhalten:

1. Die Kinder treffen sich in ihren Stammgruppen. Sie lesen den Text, lösen die Aufgaben und sprechen kurz darüber.
2. Die Expertenteams setzen sich zusammen und stellen ihren Text mit Hilfe ihrer Aufgabenkarten vor.
3. Die Kinder lösen in ihrem Expertenteam das Lösungswort.
4. Die Stammgruppen treffen sich zum Abschluss noch einmal und klären offene Fragen.

Die Arbeitsgruppen erhalten ihre Text-/Aufgabenblätter, die der Reihenfolge nach nummeriert sind. Nachdem alle Stammgruppen ihre Aufgaben gelöst haben, treffen sich die Experten und tauschen sich aus. Inhaltlich liegt der Schwerpunkt darin, zu erfahren, wie es mit Hexe Lilli und ihren Zauberkünsten in der Geschichte weitergeht. Die Nummerierung der Texte dient dazu, die richtige Reihenfolge der Geschichte beizubehalten. So kann jeder Experte kurz erzählen, worum es in seinem Textabschnitt geht. Als Hilfe für die Wiedergabe dienen die Aufgabenblätter, die kurze Rätsel enthalten, die die Kinder in ihren Stammgruppen bereits gelöst haben. Gemeinsam sollen sie abschließend das Lösungswort herausfinden und auf ihr Arbeitsblatt schreiben. Das Lösungswort setzt sich aus Buchstaben zusammen, die auf den einzelnen Arbeitsblättern stehen und in der Reihenfolge der Texte eingesetzt werden müssen.
(Das Lösungswort lautet: Surulunda.)

Ziel

Mit dieser eher unüblichen Auseinandersetzung mit einer Lektüre wird die Neugier der Kinder geweckt. Der Vorteil ist, dass sie einerseits einen Teil der Geschichte lesen müssen, aber andererseits auch anderen zuhören und Fragen stellen können. Aufgrund der kurzen Abschnitte vollzieht sich der Wechsel innerhalb der Gruppen schnell. Die Lektüre sowie auch andere Bücher aus der Lesereihe „Hexe Lilli" sollten als Anregung in der Klasse vorhanden sein, sodass die Kinder bei Interesse neue Abenteuer lesen können.

Rollen für die Gruppenarbeit

Materialmanager, Zeitmanager, Lautstärkenregler, Schreiber, Präsentator

Materialien

Texte, Aufgabenblätter, Buchstaben- und Bildkarten (siehe S. 98)

Buchstaben- und Bildkarten

Die Kinder bekommen zunächst eine Buchstabenkarte. Diese werden je nach Anzahl der Kinder ausgeteilt. Bei 24 Kindern in einer Klasse können sechs Buchstaben (A bis F) ausgewählt und ein Buchstabe an jeweils vier Kinder ausgeteilt werden. Auf diese Weise hätte man sechs Vierergruppen. Alle Kinder mit demselben Buchstaben treffen sich als Stammgruppe zusammen. In diesen Stammgruppen erhalten die Gruppenmitglieder nun jeweils eine Bildkarte mit unterschiedlichen Motiven. Anhand dieser Motive setzen sich anschließend die Expertenteams zusammen.

Viele tolle Zaubertricks (S. 11 bis 13)

„Fällt dir beim Hexen nichts mehr ein, wird dieses Buch dir nützlich sein. Krötenkacke, Drachenblut, dieses Buch ist wirklich gut!“ Neugierig blättert Lilli weiter. Als sie aber die nächsten zehn Seiten liest, bekommt sie eine Gänsehaut. Hier ist nämlich alles aufgelistet, was man mit dem Buch hexen kann.
Alle Hexentricks sind nach Buchstaben geordnet. Die erste Hexerei beginnt mit dem Buchstaben A: „Aale fangen – aber am Abend.“ Und die letzte Hexerei beginnt natürlich mit dem Buchstaben Z: „Zornige Zombies zum Zwacken zwirbeln.“

Aufgaben zu Text 1

Kreuze an.

Im Hexenbuch ist alles aufgelistet:

- A Rechenformeln
- S Hexentricks
- G Gedichte

Die Hexentricks sind nach Bnchstapeu geordnet.

Schreibe das verhexte Spiegelwort richtig auf: ______________________

Expertengruppe:

Trage die Buchstaben aus den anderen Gruppen ein.

Das Lösungswort lautet:

(1)	(2)	(2)	(3)	(4)	(4)	(5)	(6)	(6)

Lilli kann zaubern (S. 26 bis 27)

Leon wachsen plötzlich zwei riesige Hasenohren. Lilli traut ihren Augen nicht. „Das – das gibt es doch nicht“, stammelt sie. Aber das gibt es.
Leon hat Hasenlöffel, größer als sein ganzer Kopf.
„Was ist los?“, will Leon wissen.
Er hat noch gar nichts bemerkt. Da fasst Lilli Leons Hände und legt sie an seine Ohren. Und Leon?
Der tastet, fühlt…und ist begeistert. „Oh, richtige Puschelohren! Du kannst ja zaubern!“
Lilli ist gar nicht so begeistert.
„Was soll ich jetzt machen?“, fragt sie kleinlaut.

Aufgaben zu Text 2

Trage die Anlaute ein.

Lilli zaubert Leon

Für das Lösungswort: U

Kreuze an.

Leon ist begeistert, weil Lilli

T lesen kann. F rechnen kann. R zaubern kann.

Expertengruppe:

Trage die Buchstaben aus den anderen Gruppen ein.

Das Lösungswort lautet:

(1)	(2)	(2)	(3)	(4)	(4)	(5)	(6)	(6)

Lilli kann zaubern (S. 30 bis 31)

„Das darf doch nicht wahr sein“, staunt Lilli. „Ich – ich glaub, mich tritt ein Pferd!“
Und schwupp, hat Leon Pferdeohren. Leon weiß nicht, wie ihm geschieht.
Er befühlt wieder seine Ohren. „Sie sind kleiner“, sagt er. „Aber noch dran!“
Lilli bringt vor lauter Staunen keinen Ton mehr heraus.
„Was hast du denn?“, fragt Leon ungeduldig.
„Es ist nur, weißt du, wenn ich … wie soll ich sagen …“ Lilli sucht nach Worten.
„Also, wenn ich ein Tier nenne, dann verändern sich deine Ohren. Ich meine … du … im Moment hast du Pferdeohren!“

Aufgaben zu Text 3

Trage die fehlenden Wörter ein.

Lilli staunt: „Ich – ich glaub, mich tritt ein Pferd!“

Schwupp hat Leon ______________________________

 + e 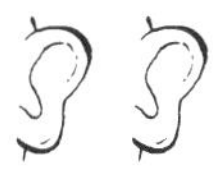

Kreuze an.

Was passiert mit Leon, wenn Lilli Tiere nennt?

N	Er schrumpft.
U	Seine Ohren verändern sich.
B	Seine Nase verändert sich.

Expertengruppe:

Trage die Buchstaben aus den anderen Gruppen ein.

Das Lösungswort lautet:

(1)	(2)	(2)	(3)	(4)	(4)	(5)	(6)	(6)

Lilli sucht einen Gegenzauber (S. 33 bis 34)

Lilli denkt fieberhaft nach. Es hilft nichts, sie muss im Hexenbuch einen Gegenzauber suchen. Aber das Buch ist ja soo dick!
Lilli blättert hin und her. Sie wird dabei immer zappeliger. Nur Leon macht das alles nichts aus, er tapst brummend durchs Zimmer und spielt Bär. Und dann beginnt er, sich immer neue Ohren zu hexen: Ohren vom Känguru, vom Zebra, von der Fledermaus, vom Affen…
Gerade hat er sich Elefantenohren angehext, da hört Lilli die Wohnungstür.
„Hallo Kinder! Da bin ich wieder!“, ruft Mama.
Auweia!, denkt Lilli. Jetzt wird es ernst.

Aufgaben zu Text 4

Trage die Anlaute ein.

Lilli will Leon helfen. Im Hexenbuch sucht sie einen

Für das Lösungswort: L

Trage ein.

In der Zwischenzeit zaubert sich Leon Ohren

vom Känguru ____________________

vom Zebra ____________________

von der Fledermaus ____________________

vom Affen ____________________

vom Elefanten ____________________

Für das Lösungswort: U

Expertengruppe:

Trage die Buchstaben aus den anderen Gruppen ein.

Das Lösungswort lautet:

(1)	(2)	(2)	(3)	(4)	(4)	(5)	(6)	(6)

Lilli sucht einen Gegenzauber (S. 37)

„Schon gut! Wir spielen!“, ruft Lilli zurück. Sie hofft, dass Mama damit zufrieden ist. Mama ist zufrieden – zumindest im Moment. Und Leon? Der wackelt vergnügt mit seinen Elefantenohren.
Sofort blättert Lilli wieder im Hexenbuch. Sie blättert und blättert immer weiter. Da! Kann ihr das vielleicht aus der Patsche helfen?
„Hexen-Notdienst für Hexenprobleme, Verhexungen und Hexenschuss das ganze Jahr (außer Walpurgisnacht) rund um die Sonnenuhr…“
Hier steht beschrieben, wie man Hexenhilfe herbeiruft! Lilli will es versuchen.

Aufgaben zu Text 5

Kreuze an.

Im Hexenbuch findet Lilli einen

- M Hexen-Imbiss
- S Hexenmeister
- N Hexen-Notdienst

Verbinde die Wörter.
Achtung: Ein Wort gehört nicht dazu!

Rund um die Uhr ist der Notdienst geöffnet.

Er hilft bei:

Hexen	tee
Kräuter	problemen
Ver	schuss
Hexen	hexungen

Schreibe die richtigen Wörter auf:

____

____

Expertengruppe:

Trage die Buchstaben aus den anderen Gruppen ein.

Das Lösungswort lautet:

(1)	(2)	(2)	(3)	(4)	(4)	(5)	(6)	(6)

Der Hexen-Notdienst (S. 38 bis 39)

Lilli folgt den Anweisungen genau. Im Wiegeschritt tanzt sie durchs Zimmer und singt dabei die Beschwörungsformel.
Zawusch! macht es. Eine grüne Rauchsäule saust heran und verwandelt sich blitzschnell in eine alte Frau. Sie stellt sich Lilli vor: „Tag, Frau Kollegin! Surulunda Knorx, mein Name. Wie kann ich helfen?“
Lilli und Leon sind stumm. Vor ihnen steht tatsächlich eine Hexe. Eine leibhaftige Hexe! Surulunda Knorx ist tatendurstig. Sie drängt: „Rabenschrei und Stinkefuß! Ich denke, ihr braucht meine Hilfe schnell? Wo ist das Problem?“

Aufgaben zu Text 6

Trage die Anlaute ein.

Lilli liest die Anweisungen und singt die

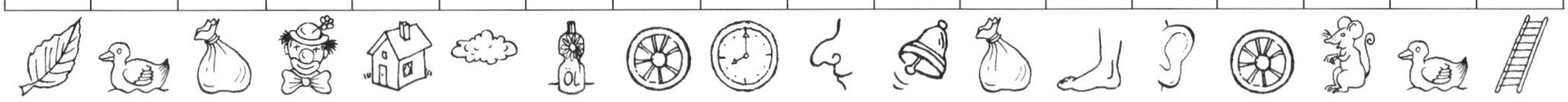

Für das Lösungswort: D

Eine grüne Rauchsäule verwandelt sich blitzschnell in eine leibhaftige …

Kreuze an. Welches Wort passt?

- M Kröte
- H Fee
- A Frau
- P Maus

Schreibe das Wort auf: ____________________

Expertengruppe:

Trage die Buchstaben aus den anderen Gruppen ein.

Das Lösungswort lautet:

(1)	(2)	(2)	(3)	(4)	(4)	(5)	(6)	(6)

Geschichten – Ritterzeit (differenzierte Texte)

Methode

Partnerarbeit – Lerntempoduett (in vereinfachter Form)

Vorgehensweise

Die Kinder bekommen ein Gruppenkärtchen Sonne bzw. Stern. Sie lesen zunächst individuell ihren Text und bearbeiten die entsprechende Aufgabe. Wer fertig ist, hebt als Signal seine Karte und legt sie offen auf seinen Tisch. Sobald ein anderes Kind aus der anderen Gruppe auch fertig ist, treffen sich diese beiden und stellen sich gegenseitig den Textinhalt kurz vor. Am Ende stellen sie das Ergebnis ihrer Partneraufgabe kurz vor.
Die Texte wurden zum Teil für die Differenzierung vereinfacht und gekürzt. Die Texte mit dem Buchstaben a in Klammern (siehe Kopfzeile) sind für die lesestarken Kinder und die b-Texte für die leseschwächeren Kinder.

Ziel

Bei dieser Lernmethode finden sich Partner durch ein „Zufallsprinzip“. Wer ungefähr zeitgleich fertig ist, setzt sich als Team zusammen. Auf diese Weise arbeiten auch Kinder zusammen, die es sonst nicht tun oder vermeiden möchten. Vorteilhaft ist zudem, dass für die Einzelarbeit keine Zeit vorgegeben wird.

Rollen für die Gruppenarbeit

Materialmanager, Zeitmanager, Lautstärkenregler, Schreiber, Präsentator

Materialien

Texte, Aufgabenblätter, Gruppenkarten (siehe S. 99), DIN-A3-Blatt sowie auch Schere, Kleber und evtl. Bildmaterial für ein Lernplakat

Ritterturniere

Hilko besucht heute mit seiner Klasse eine alte Burg. „Die Ritter liebten Turniere“, erklärt der Burgführer.

„Auf dem Platz dort unten haben vor einigen hundert Jahren viele Kämpfe stattgefunden.“ Hilko tritt an die Burgzinnen heran.

Beeindruckt blickt er zu dem Turnierplatz hinunter. Eine weite sandige Fläche mit einer großen Tribüne davor ist zu sehen.

„Für den Zweikampf brauchten die Ritter ein schnelles Pferd, eine stabile Rüstung, einen Schild mit ihrem Wappen und natürlich eine Lanze“, hört Hilko den Burgführer sagen. Doch seine Stimme klingt in Hilkos Ohren immer leiser und leiser.

Dafür wird der Turnierplatz vor seinen Augen richtig lebendig. Plötzlich sitzen auf der Tribüne viele edle Damen mit langen, spitzen Hüten auf dem Kopf.

Aufgaben zu Text 1 (a)

Lies den Text.

Trage die fehlenden Wörter ein.

Hilko macht mit seiner Klasse einen Ausflug auf eine alte ____________________.

Von dem ____________________ ist Hilko beeindruckt.

Für ihren Zweikampf brauchten die Ritter ein schnelles ____________________,

eine stabile ____________________, einen ____________________ mit ihrem

____________________ und natürlich eine ____________________.

Auf der Tribüne sitzen edle ____________________ mit langen, spitzen

____________________ auf dem Kopf.

Schild – Turnierplatz – Rüstung – Damen – Pferd – Burg –

Hüten – Lanze – Wappen

Der Zweikampf

Die Banner der Ritter wehen über den bunten Zelten. Gefolgsleute schreiten umher. Zwei Ritter stehen sich hoch zu Ross gegenüber. Der eine trägt eine schwarze Rüstung, der andere eine rote. Hilko beißt sich gespannt auf die Lippe. Der Zweikampf beginnt. Die Ritter geben ihren Pferden die Sporen und jagen aufeinander zu. Jetzt senken sie ihre Lanzen.
Sie heben ihre Schilde zum Schutz vor dem gegnerischen Schlag. Die Damen schreien entsetzt auf. Der rote Ritter ist hart getroffen worden. Er wankt. Die Ritter wenden ihre Pferde. Plötzlich legt jemand die Hand auf Hilkos Schulter.
Hilko fährt erschrocken herum. Aber es ist nur der Burgführer.
„Kommst du?“, fragt er ihn.
„Noch einen Augenblick!“, fleht Hilko und schaut wieder auf den Turnierplatz hinunter. Aber der Zauber ist vorbei. Die Ritter und alles andere sind verschwunden. „Ganz schön spannend, die alte Ritterzeit!“, denkt Hilko und rennt den anderen hinterher.

Aufgaben zu Text 2 (a)

Lies den Text.

Trage die fehlenden Wörter ein.

Die Banner der Ritter wehen über den bunten ________________.

Zwei ________________ stehen sich hoch zu Ross gegenüber. Der eine trägt eine

________________, der andere eine ________ ________________.

Der ________________ beginnt. Die Ritter geben ihren ________________ die Sporen.

Die ________________ schreien entsetzt auf.

Plötzlich legt jemand die Hand auf Hilkos ________________.

Es ist der ________________.

Damen – Ritter – schwarze – Pferden – Zelten –

Schulter – Zweikampf – Burgführer – rote – Rüstung

Ritterturniere

Hilko besucht mit seiner Klasse eine alte Burg.
„Die Ritter liebten Turniere“, erklärt der Burgführer. „Auf dem Platz dort unten haben vor einigen hundert Jahren viele Kämpfe stattgefunden.“
Hilko blickt zu dem Turnierplatz hinunter.
„Für den Zweikampf brauchten die Ritter ein schnelles Pferd, eine stabile Rüstung, einen Schild mit ihrem Wappen und eine Lanze“, hört Hilko den Burgführer sagen. Doch seine Stimme klingt immer leiser. Dafür wird der Turnierplatz vor seinen Augen richtig lebendig. Plötzlich sitzen auf der Tribüne viele Damen mit langen, spitzen Hüten auf dem Kopf.

Aufgaben zu Text 1 (b)

Lies den Text.

Trage die fehlenden Wörter ein.

Hilko macht mit seiner Klasse einen Ausflug auf eine alte ________________.

Von dem ________________ ist Hilko beeindruckt.

Für ihren Zweikampf brauchten die Ritter ein schnelles Pferd,

eine stabile Rüstung, einen ________________ mit ihrem Wappen und natürlich

eine ________________.

Auf der Tribüne sitzen edle ________________ mit langen,

spitzen ________________ auf dem Kopf.

Schild – Turnierplatz – Damen – Burg –

Hüten – Lanze

Die Schnecke – Aussehen

Schnecken sind Weichtiere. Es gibt Nacktschnecken und Schnecken mit Gehäuse. Das Gehäuse schützt die Schnecke vor dem Austrocknen und vor Feinden.
Schnecken atmen durch ein Atemloch. Am Kopf haben sie zwei große und zwei kleine Fühler. An den großen Fühlern sind die Augen. Mit den kleinen Fühlern können sie schmecken und tasten. Auf ihrer Zunge sind viele kleine Zähne. Man nennt die Zunge auch Raspelzunge.
Schnecken haben eine Kriechsohle und einen Fuß. Mit dem Schleim können sie besser kriechen. Er schützt sie vor Verletzungen.

Die Schnecke – Nahrung und Lebensorte

Schnecken leben im Wasser oder an Land. Manche Arten leben im Meer. Oft sieht man sie, wenn es regnet. Wenn die Erde nass wird, kriechen sie aus ihrem Versteck heraus. Nacktschnecken und Schnirkelschnecken findet man auch im eigenen Garten. Sie fressen Salat, Löwenzahn oder auch Erdbeeren. Es gibt aber auch Raubschnecken. Sie fressen zum Beispiel Regenwürmer oder Insektenlarven.

Einzelaufgabe „Aussehen“:

1. Lies den Text.
2. Unterstreiche die Antwort im Text: Wie sieht die Schnecke aus?

Einzelaufgabe „Nahrung und Lebensorte“:

1. Lies den Text.
2. Unterstreiche die Antworten im Text: Was frisst die Schnecke? Wo lebt die Schnecke?

Partneraufgabe „Aussehen“:

1. Vergleicht: Welche Informationen habt ihr unterstrichen?
2. Beschriftet gemeinsam die Schnecke auf dem Arbeitsblatt.

Partneraufgabe „Nahrung und Lebensorte“:

1. Vergleicht: Welche Informationen habt ihr unterstrichen?

2. Füllt gemeinsam die Tabelle aus.

Partneraufgabe „Aussehen“ und „Nahrung und Lebensorte“:

1. Welche Informationen habt ihr über Schnecken gesammelt?

2. Stellt eure Ergebnisse vor.

Das Aussehen der Schnecke

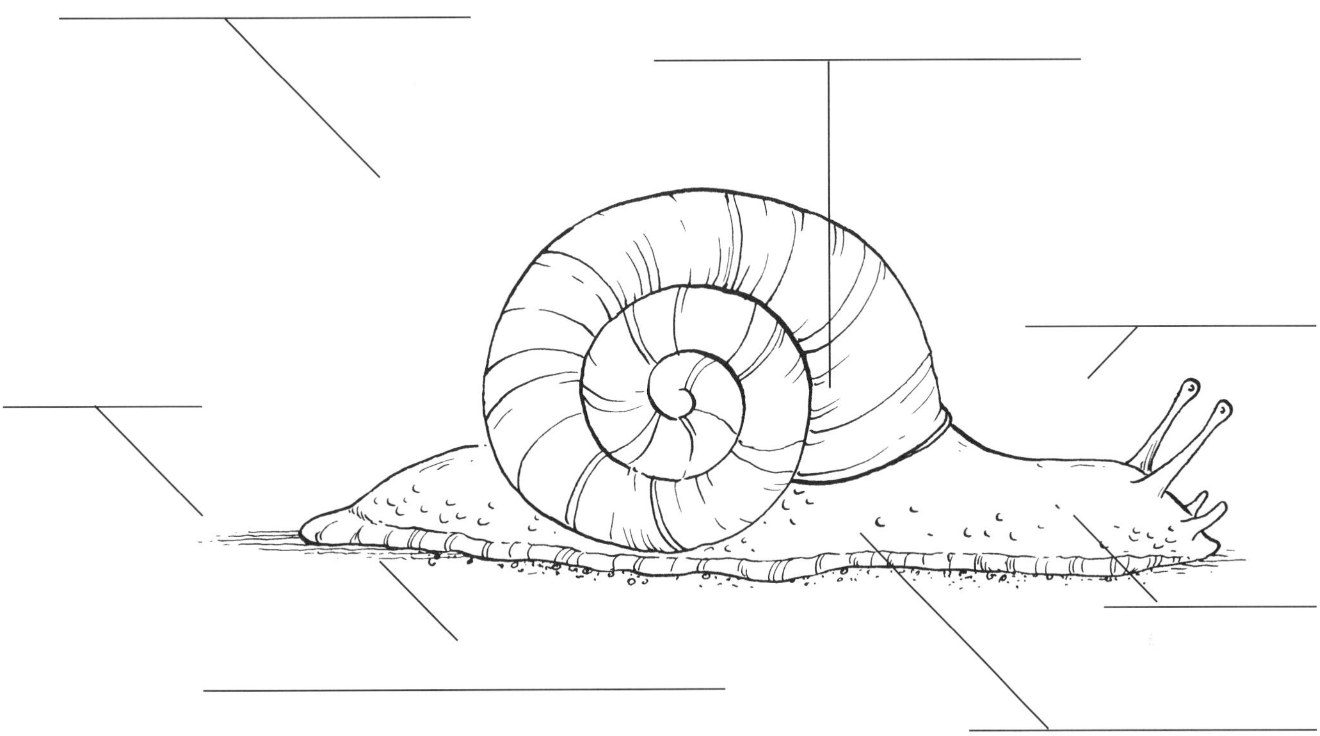

Tabelle: Nahrung und Lebensorte der Schnecke

Nahrung	Lebensorte

Erzähl- und Sachtexte am Beispiel einer Tierkartei

Die einzelnen Aufgaben und Methoden sind in den Aufgabenkarten für die Kinder enthalten. Im Folgenden werden die Methoden sowie auch wesentlichen Schritte der Vorgehensweise kurz vorgestellt.

Station 1 – Hunde

Methode Fischgräte

Aufgaben/ Vorgehensweise

1. Die Schüler lesen den Erzähltext Nr. 1 „Tiger und Leo" und unterstreichen die richtige Textstelle zur Frage.
2. Die richtige Antwort wird auf ein Notizblatt geschrieben.
3. Die Schüler lesen nun den Sachtext Nr. 1 „Welches Futter bekommen Haushunde?", unterstreichen erneut die richtige Textstelle zur Frage und schreiben auch die Antwort auf das Notizblatt.
4. In Partnerarbeit vergleichen die Schüler ihre Antworten und schreiben diese in die entsprechenden Reihen der Fischgräte auf.
5. Zum Abschluss werden die Ergebnisse im Plenum vorgestellt.

Rollen für die Gruppenarbeit Materialmanager, Zeitmanager, Präsentator

Materialien Erzähltext 1, Sachtext 1, Aufgaben-/Stationenkarten, Notizblätter, Arbeitsblatt „Fischgräte" (siehe S. 92)

Station 2 – Hühner

Methode Drei-Schritt-Interview

Aufgaben/ Vorgehensweise

1. Die Schüler lesen den jeweiligen Erzähltext Nr. 2 „Salombos Kinder" und unterstreichen die richtige Textstelle zur Frage.
2. Sie müssen sich anschließend den Sachtext Nr. 2 „Hühner" durchlesen, sich passende Fragen zum Text überlegen und diese auf ein Protokollblatt schreiben.
3. Dann stellen sich die Partner abwechselnd die Fragen, die sie zum Text aufgeschrieben haben, und beantworten diese mündlich. Das jeweilige Kind, das die Fragen stellt, ist der Interviewer. Das andere Kind (der Protokollant) schreibt die wesentlichen Informationen, die sein Partner aufzählt, auf.

Rollen für die Gruppenarbeit Materialmanager, Zeitmanager, Präsentator

Materialien Erzähltext 2, Sachtext 2, Aufgaben-/Stationenkarten, Arbeitsblatt „Protokollblatt" (siehe S. 89)

Station 3 – Sitticche

Methode

Platzdeckchen

Aufgaben/ Vorgehensweise

1. Die Kinder lesen den Erzähltext Nr. 3 „Wer kümmert sich um Kalif?“ und unterstreichen die richtige Textstelle zur Frage.
2. Sie tauschen sich mit ihrem Partner darüber aus und lesen dann den Sachtext Nr. 3 „Nymphensittiche“ (Aufgabenkarte 2). Dazu müssen sie die Frage beantworten, indem sie die Antwort jeweils auf eines der äußeren Felder des Platzdeckchens aufschreiben.
3. Anschließend beginnt die Gesprächsrunde. Jedes Gruppenmitglied liest seine Antwort den anderen Kindern vor. Die Schüler müssen sich dann auf die wichtigsten Antworten einigen und diese in das mittlere Feld eintragen.
4. In einem letzten Schritt stellen alle Gruppen ihre Ergebnisse vor.

Rollen für die Gruppenarbeit

Materialmanager, Zeitmanager, Lautstärkenregler, Schreiber, Präsentator

Materialien

Erzähltext 3, Sachtext 3, Aufgaben-/Stationenkarten, Arbeitsblatt „Platzdeckchen“ (siehe S. 90)

Station 4 – Fliegen

Methode

Runder Tisch

Aufgaben/ Vorgehensweise

1. Die Kinder lesen den Erzähltext Nr. 4 „Der Fliegenfreund“ und unterstreichen die richtige Textstelle zur Frage.
2. Anschließend lesen sie den passenden Sachtext Nr. 4 „Fliegen“, finden die Antwort im Text und unterstreichen diese.
3. Jedes Gruppenmitglied muss sich für eine Antwort entscheiden und diese in ein Kästchen auf dem Arbeitsblatt Runder-Tisch eintragen (nacheinander).
4. Wenn alle Kinder fertig sind, werden die Antworten von einem Kind vorgelesen. Sie müssen sich gemeinsam für eine Antwort entscheiden und diese in das letzte Feld eintragen.
5. Das Gruppenergebnis wird im Plenum vorgestellt.

Rollen für die Gruppenarbeit

Materialmanager, Zeitmanager, Lautstärkenregler, Schreiber, Präsentator

Materialien

Erzähltext 4, Sachtext 4, Aufgaben-/Stationenkarten, Arbeitsblatt „Runder Tisch“ (siehe S. 91)

Station 5 – Texte vergleichen

Methode Platzdeckchen

Aufgaben/ Vorgehensweise

1. Die Kinder überlegen in Einzelarbeit, worin die Unterschiede zwischen den Erzähl- und den Sachtexten liegen. Ihre Ideen schreiben sie auf kleine Notizblätter auf. Zur Hilfe dürfen sie die Tippkarten mit den Fragen benutzen.
2. Anschließend schreiben sie ihre Überlegungen jeweils auf ein freies Feld auf dem Platzdeckchen auf.
3. Nach einer kurzen Gesprächsrunde, in der alle Kinder ihre Ergebnisse den anderen Gruppenmitgliedern vorgestellt haben, werden die wesentlichen Informationen in die Mitte des Platzdeckchens eingetragen.
4. Zum Schluss stellen die Gruppen ihre Ergebnisse vor.

Rollen für die Gruppenarbeit Materialmanager, Zeitmanager, Lautstärkenregler, Schreiber, Präsentator

Materialien Aufgaben-/Stationenkarten, Tippkarten, Arbeitsblatt „Platzdeckchen" (siehe S. 90)

Station 1 – Hunde

2 Kinder

Station 1: Hunde

Erzähltext 1: Tiger und Leo
Sachtext 1: Welches Futter bekommen Haushunde?

Methode: Fischgräte – Einzel- und Partnerarbeit
Material: Aufgabenkarten, Texte, Fischgräte-Arbeitsblatt, Notizblätter

Aufgabenkarte 1 zu Station 1

Lies dir den Erzähltext 1 „Tiger und Leo" durch.
Was frisst Tiger, als Jan und seine Mama in die Küche kommen?

1. Finde die richtige Textstelle und unterstreiche sie.
2. Schreibe die Antworten auf dein Notizblatt.

Aufgabenkarte 2 zu Station 1

Lies dir den Sachtext 1 „Welches Futter bekommen Haushunde?“ durch.

1. Was fressen Hunde wirklich?

   Finde die richtigen Textstellen und unterstreiche sie.

2. Schreibe die Antworten auf dein Notizblatt.

Aufgabenkarte 3 zu Station 1

1. Vergleiche mit deiner Partnerin oder deinem Partner deine Ergebnisse. Einigt euch.
2. Schreibt die Antworten zu Aufgabenkarte 1 auf die obere Reihe der Fischgräte.
3. Schreibt die Antworten zu Aufgabenkarte 2 auf die untere Reihe.
4. Stellt eure Ergebnisse den anderen Gruppen vor.

Station 2 – Hühner

3 Kinder (2 Interviewer/1 Protokollant)

Station 2: Hühner

Erzähltext 2: Salambos Kinder
Sachtext 2: Hühner

Methode: Dreischritt-Interview/ Einzel- und Partnerarbeit
Material: Aufgabenkarten, Texte, Protokollbögen

Aufgabenkarte 1 zu Station 2

Lies dir den Erzähltext 2 „Salambos Kinder“ durch.

1. Wie sehen die frisch geschlüpften Küken aus?
2. Finde die richtige Textstelle und unterstreiche sie.

Aufgabenkarte 2 zu Station 2

Lies dir den Sachtext 2 „Hühner“ durch.

1. Überlege dir passende Fragen zu diesem Text.

   Schreibe die Fragen auf deinen Protokollbogen.

2. Unterstreiche die Antworten in dem Text.

Aufgabenkarte 3 zu Station 2

Interviewer:
Lies deiner Partnerin oder deinem Partner deine Fragen zu deinem Sachtext vor. Sie/er soll sie dir mündlich beantworten.
Tauscht dann die Rollen.

Protokollant:
Schreibe die wichtigsten Informationen, die deine Partner im Interview nennen, mit. Stelle sie nach dem Interview den anderen aus deiner Gruppe vor. Besprecht diese gemeinsam.

Stellt euer Ergebnis den anderen Gruppen vor.

Station 3 – Sittiche

3 bis 4 Kinder

Station 3: Sittiche

Erzähltext 3: „Wer kümmert sich um Kalif?“
Sachtext 3: Nymphensittiche

Methode: Platzdeckchen/Einzel- und Gruppenarbeit
Material: Platzdeckchen Arbeitsblatt, Aufgabenkarten, Texte

Aufgabenkarte 1 zu Station 3

Lies dir den Erzähltext 3 „Wer kümmert sich um Kalif?“ durch.
Was gefällt Alexa ganz und gar nicht, als sie den Käfig entdeckt?

1. Finde die richtige Textstelle und unterstreiche sie.

2. Tausche dich mit deiner Partnerin oder deinem Partner darüber aus.

Aufgabenkarte 2 zu Station 3

Lies dir den Sachtext 3 „Nymphensittiche“ durch.

1. Wie müssen Sittiche gepflegt werden?

   Finde die Antworten im Text und unterstreiche sie.

2. Schreibe deine Antwort auf eines der äußeren Felder auf dem Platzdeckchen.

Aufgabenkarte 3 zu Station 3

1. Stellt eure Ergebnisse den anderen aus eurer Gruppe vor.
2. Einigt euch auf die wichtigsten Antworten.
3. Der „Schreiber“ eurer Gruppe schreibt diese Antworten in das mittlere Feld.
4. Präsentiert euer Ergebnis den anderen Gruppen.

Station 4: Fliegen

3 bis 4 Kinder

Station 4: Fliegen

Erzähltext 4: Der Fliegenfreund
Sachtext 4: Fliegen

Methode: Runder Tisch/ Einzel- und Gruppenarbeit
Material: Runder Tisch-Arbeitsblatt, Aufgabenkarten, Texte

Aufgabenkarte 1 zu Station 4

 Lies dir den Erzähltext 4 „Der Fliegenfreund“ durch.

1.  Warum findet Onkel Albert Fliegen so interessant?
Finde die richtige Textstelle.

2.  Unterstreiche die Textstelle.

Aufgabenkarte 2 zu Station 4

Lies dir den Sachtext 4 „Fliegen“ durch.

1. Welche Besonderheiten haben Fliegen? Finde die Antworten im Text.
2. Unterstreiche die richtige Antwort.

Aufgabenkarte 3 zu Station 4

1. Jeder entscheidet sich für eine Antwort und schreibt sie auf das Arbeitsblatt „Runder Tisch“.
2. Wenn alle fertig sind, liest das erste Kind alle Antworten vor.
3. Entscheidet euch als Gruppe für eine gemeinsame Antwort.
4. Schreibt die Antwort auf.
5. Stellt euer Ergebnis den anderen Gruppen vor.

Station 5 – Texte vergleichen

3 bis 4 Kinder

Station 5: Texte vergleichen

Erzähltext – Sachtext zu einem Tier

Methode: Platzdeckchen/Einzel- und Gruppenarbeit

Material: Tippkarten, Platzdeckchen-Arbeitsblatt, ein „Textpaar" zu einem Tier, Arbeitsaufträge, zwei Plakate in verschiedenen Farben, kleine Zettel zum Beschriften

Aufgabenkarte 1 zu Station 5

1. Was ist bei diesen Texten anders? Nimm die Tippkarten zur Hilfe.
2. Schreibe deine Ideen auf die kleinen Zettel. Benutze für jede Idee einen neuen Zettel.
3. Schreibe deine Ideen nun auch auf ein freies Feld auf dem Platzdeckchen.

Aufgabenkarte 2 zu Station 5

1.  Stellt eure Ergebnisse den anderen aus eurer Gruppe vor. Einigt euch auf die wichtigsten Antworten.

2.  Schreibt diese Antworten in das mittlere Feld.

3.  Präsentiert euer Ergebnis den anderen Gruppen.

Station 5

Tippkarte 1

Reden Personen oder Tiere miteinander?

Station 5

Tippkarte 2

Kannst du Informationen zu diesem Tier aus dem Text entnehmen?

Station 5

Tippkarte 3

Gibt es einen „Erzähler“?

Station 5

Tippkarte 4

Werden Gefühle dargestellt?
(zum Beispiel Wut, Ärger, Freude)

Tiger und Leo

Jans Hund hieß Tiger. Sein bester Freund Max fand, dass das ein alberner Name war für einen kleinen schwarzen Hund, aber der hatte sowieso immer was zu meckern.

Tiger war faul und verfressen, bellte den Briefträger und die Mülleimerleute an, bis er heiser war, lag auf dem Sofa, obwohl Mama es verboten hatte, und war für Jan der wunderbarste Hund, den er sich vorstellen konnte. Wenn er Schularbeiten machte, legte Tiger sich auf seine Füße. Und wenn er morgens aufstehen musste, zog Tiger ihm die Decke weg und leckte ihm so lange die Nase, bis er die Beine aus dem Bett streckte.

Jan und Tiger waren sehr glücklich miteinander. Bis Oma sich das Bein brach. Ja, damit fing der ganze Ärger an. Oma hatte einen dicken Kater namens Leo, und der konnte natürlich nicht allein bleiben, während Oma mit ihrem Gipsbein im Krankenhaus lag. Was machte Mama also? Obwohl sie genau wusste, dass Tiger Katzen nicht leiden konnte? Dass er ganz verrückt wurde, wenn er eine sah?

„Wir nehmen Leo", sagte sie. „Das wird schon klappen." Gar nichts klappte!

Papa musste dauernd niesen, weil er die Katzenhaare nicht vertrug, und Tiger – Tiger hatte den ganzen Tag nichts anderes mehr im Kopf als den Kater.

Am ersten Tag lag Leo nur auf dem Wohnzimmerschrank und schlief. Das heißt, er tat so, als ob er schlief. In Wirklichkeit blinzelte er zu Tiger hinunter, der stundenlang vor dem Schrank saß und zu Leo hinaufsah. Wenn der Kater fauchte, wedelte Tiger mit dem Schwanz.

Dann jagte Tiger Leo durch die Wohnung.

Mama und Jan konnten nur dastehen und sich die Ohren zuhalten. Bellend und fauchend rasten Hund und Kater vom Wohnzimmer in den Flur, vom Flur in die Küche und von der Küche zurück ins Wohnzimmer, wo Leo sich endlich mit gesträubtem Fell auf dem Schrank in Sicherheit brachte.

„Oh, nein!", stöhnte Mama. „Nun sieh dir das an."

Die Blumentöpfe waren von den Fensterbrettern gefegt. Der Wohnzimmertisch war zerkratzt von Leos Krallen und auf dem Küchenfußboden schwammen kaputte Eier in einer Pfütze Gemüsesuppe. Tiger war gerade dabei, sie aufzuschlecken.

„Wie sollen wir den bloß die nächsten drei Wochen überstehen?“, fragte Mama. „Ich glaub, wir müssen den Kater doch ins Tierheim bringen.“
„Nein!“, rief Jan erschrocken. Er musste an Leos raue Zunge denken, an den Schnurrmotor und seine bernsteinfarbenen Augen. „Ich werd mich um die zwei kümmern, Mama. Heiliges Ehrenwort.“
Und das tat er.
Jan gewöhnte den beiden an, nebeneinander zu fressen. Das war nicht einfach, weil Tiger viel schneller fraß und dann Leos Futter klauen wollte. Es war Schwerstarbeit, aus den beiden Freunde zu machen.
Aber Jan schaffte es.

Cornelia Funke

Salambos Kinder

Oma rief an, als Luisa an den Schularbeiten saß.
Luisa hielt den Hörer ein Stück von ihrem Ohr weg, weil Oma immer ins Telefon brüllte.

„Beeil dich, Süße!“, rief Oma. „Sie kommen!“
Da ließ Luisa den Hörer fallen und rannte los. Ohne den Füller zuzumachen, ohne sich die Jacke anzuziehen.
„Sie kommen!“, rief sie Mama zu, sprang in großen Sätzen die Treppe runter, schnappte sich ihr Fahrrad und raste davon. Völlig atemlos kam sie vor Omas Gartentor an. Der Stall lag am Ende des Gartens, unter den hohen Holunderbüschen. Leise öffnete Luisa die Tür und schlich hinein.
Im Stall war alles anders als sonst. Ein Absperrgitter teilte die hintere Hälfte ab. In ihr drängten sich Omas wunderschöne Hennen. Furchtbar aufgeregt waren sie, hackten gegen den Draht, scharrten mit den Krallen im Stroh und gackerten so zornig, wie Luisa sie noch nie gehört hatte.
„Sie sind eifersüchtig“, sagte Oma, die neben der Tür im Stroh saß. Lächelnd zog sie Luisa zu sich auf den Schoß. Das tat sie immer, obwohl Luisa schon so groß war, dass sie ihr bis zum Busen reichte.
„Da, guck!“ Oma zeigte auf ein Holznest, das im Stroh kaum zu erkennen war. Eine braune Henne saß darin, getrennt von allen andern. Es war Salambo, Luisas Lieblingshenne. „Ist schon eins da?“, flüsterte Luisa.

Oma nickte und ging vorsichtig auf das Nest zu. Beruhigend streichelte sie Salambo die braunen Federn. Dann griff sie ins Nest und hob behutsam ein kleines zwitscherndes Etwas heraus. Luisa hielt die Luft an.
Oma setzte ihr das Küken vorsichtig in die Hand. „Leg deine andere Hand wie eine Decke drüber. Du wirst sehen, dann wird es ganz ruhig.“
Luisa hatte immer geglaubt, alle Küken seien gelb, aber dies hier war braun gesprenkelt.

Cornelia Funke

Wer kümmert sich um Kalif?

Warum trinken Erwachsene eigentlich so gern stundenlang Kaffee? Sie sitzen auf ihrem Hintern, rühren in ihren Tassen herum und reden über Dinge, die keinen interessieren.

Eines Nachmittags musste Alexa mal wieder mit zu einem Kaffetrinken. Bei Tante Irmtraud und Onkel Berthold. Furchtbar!

Als die Erwachsenen die zweite Torte in sich reinstopften, schlüpfte Alexa aus dem Wohnzimmer und machte sich daran, das Haus zu erkunden.

Viel Interessantes entdeckte sie nicht. Ein Zimmer war langweiliger als das andere. Nichts als riesige alte Möbel, scheußliche Vasen und Fotos von düster dreinblickenden Leuten.

Aber gerade, als sie das Treppengeländer wieder runterrutschen wollte, hörte sie es. Ein Krächzen. Ganz deutlich. Alexa lauschte. Da! Da war es schon wieder. Leise schlich sie an den Türen entlang. Das Krächzen wurde lauter. Alexa öffnete die letzte Tür, und da war er. Ein grauer Nymphensittich. Traurig hockte er in einem viel zu kleinen Käfig. Seine Frisur war zerrupft, und sein Gefieder sah aus, als hätte er sich seit Wochen nicht geputzt.

„Hallo!", sagte Alexa. „Du siehst aber schlimm aus." Der Sittich legte den Kopf schief und guckte sie an.

Alexa begutachtete den Käfig. „Dein Futternapf ist ja ganz leer! Und dein Wasser. Igitt! Das ist ja total verkackt."

Mit einem Ruck hob Alexa den Käfig von dem Tischchen, auf dem er stand, und schleppte ihn die Treppe runter.

Rums! Stieß sie die Wohnzimmertür auf. „Wem gehört der?", fragte sie.

Erschrocken drehten die Erwachsenen sich um. Tante Irmtraud fiel die Torte von der Kuchengabel...

Cornelia Funke

Der Fliegenfreund

Sophies Onkel Albert war der einzige Mensch, den sie kannte, der Fliegen mochte. Onkel Albert liebte Fliegen. Wenn sich eine auf seine Nase setzte, scheuchte er sie nicht weg, wie alle andern das tun. Nein, Albert schielte auf sie hinunter und lächelte.
„Sieh nur", sagte er dann zu Sophie. „Wie anmutig sie ihre Flügel putzt. So gelenkig möchte ich auch mal sein." Endlos lange konnte er so dasitzen und auf die Fliege schielen. Sophies Mutter machte das manchmal so nervös, dass sie die Fliege wegscheuchte.
„Och!", sagte Onkel Albert dann enttäuscht. „Jetzt hast du sie erschreckt. Ich weiß gar nicht, was ihr alle gegen Fliegen habt. Es sind doch wirklich ganz erstaunliche Wesen. Könnt ihr etwa die Wände hochlaufen? Na bitte."

Cornelia Funke

Sachtext 1: Welches Futter bekommen Haushunde?

Fertiges Hundefutter aus dem Supermarkt ist getestet und enthält alles, was ein Hund braucht. Als Leckerbissen gibt es für zwischendurch Hundebiskuit oder Hundekuchen.
Wenn man Hundefutter selbst zusammenstellt, gilt Folgendes: Etwa die Hälfte des Futters sollte aus Fleisch bestehen, die andere Hälfte aus gekochtem Reis, Haferflocken oder Gemüse. Wichtig ist auch, dass der Hund immer frisches Wasser zur Verfügung hat. Ein großer Hund trinkt mindestens zwei Liter Wasser am Tag.

Sachtext 2: Hühner

Hühner sind Vögel, die die meiste Zeit auf dem Boden leben. Sie können zwar nicht so gut fliegen, aber dafür umso schneller rennen. Hühner haben einen kleinen Kopf, aber dafür einen sehr massiven Körper. An ihren Füßen haben sie vier Zehen: drei sind nach vorne gerichtet und eine nach hinten.
Das Gefieder dieser Tiere kann unterschiedliche Farben haben. Einmal im Jahr wechselt es, wenn sie „mausern“, das heißt ihre Federn verlieren und neue bekommen. Es gibt weiße, braune, braun gesprenkelte oder schwarze Hühnerrassen. Hähne können aber richtig bunt sein, zum Beispiel schwarz mit rotbraunen, blauen oder grün schillernden Schwanzfedern. Sie sind auch viel größer als Hühner.

Sachtext 3: Nymphensittiche

Der Nymphensittich ist eine Vogelart aus der Ordnung der Papageienvögel. Er ist eine kleine schlanke Papageienart, die einen langen Schwanz hat. Sein Schnabel ist sehr klein.
Die männlichen Nymphensittiche sind im Gesicht gelb gefärbt, was aussieht, als ob sie eine Maske tragen würden. Bei den weiblichen kann man diese Maske nur ganz leicht oder bei manchen auch gar nicht erkennen.
Sie ernähren sich von Samen, Kernen, Beeren, Pflanzenteilen und Wurzeln.
Wenn man einen Nymphensittich als Haustier hat, sollte man darauf achten, dass sie neben Futter auch immer Wasser zum Trinken und zum Baden haben. Außerdem brauchen diese Tiere auch immer frische Äste oder Naturkork, um daran knabbern zu können. Sonst knabbern sie in der Wohnung an den Möbelstücken.

Sachtext 4: Fliegen

Fliegen zählen in der Fachsprache zu der Familie der Zweiflügler. Sie können auch auf glatten Oberflächen festen Halt finden. Dabei helfen ihnen die winzigen Härchen, die sie an ihren Beinen haben. Diese können eine dünne Flüssigkeit abgeben, die wie feiner Klebstoff wirkt. Dadurch wirkt es so, als ob sie auf der Decke oder auf der Wand gehen können.
Fliegen ernähren sich von tierischen oder pflanzlichen Abfallprodukten. Weil sie sehr unsauber sind, können sie manchmal auch Krankheiten übertragen. Sie können auf Tapeten oder auf Papier durch ihren Kot kleine schwarze Flecken hinterlassen.

Namensschild

Das kann ich gut

Dafür interessiere ich mich besonders

Name

Mein Lieblingsbuch heißt

Das mache ich gerne in meiner Freizeit

Drei-Schritt-Interview/Interviewbogen

1. Frage:

____

____

____

2. Frage:

____

____

____

3. Frage:

____

____

____

4. Frage:

____

____

____

5. Frage:

____

____

____

Interviewbogen für Schüler A und B

Protokollbogen

Wichtige Punkte:

1.

2.

3.

4.

5.

Protokollbogen für Schüler C

Platzdeckchen

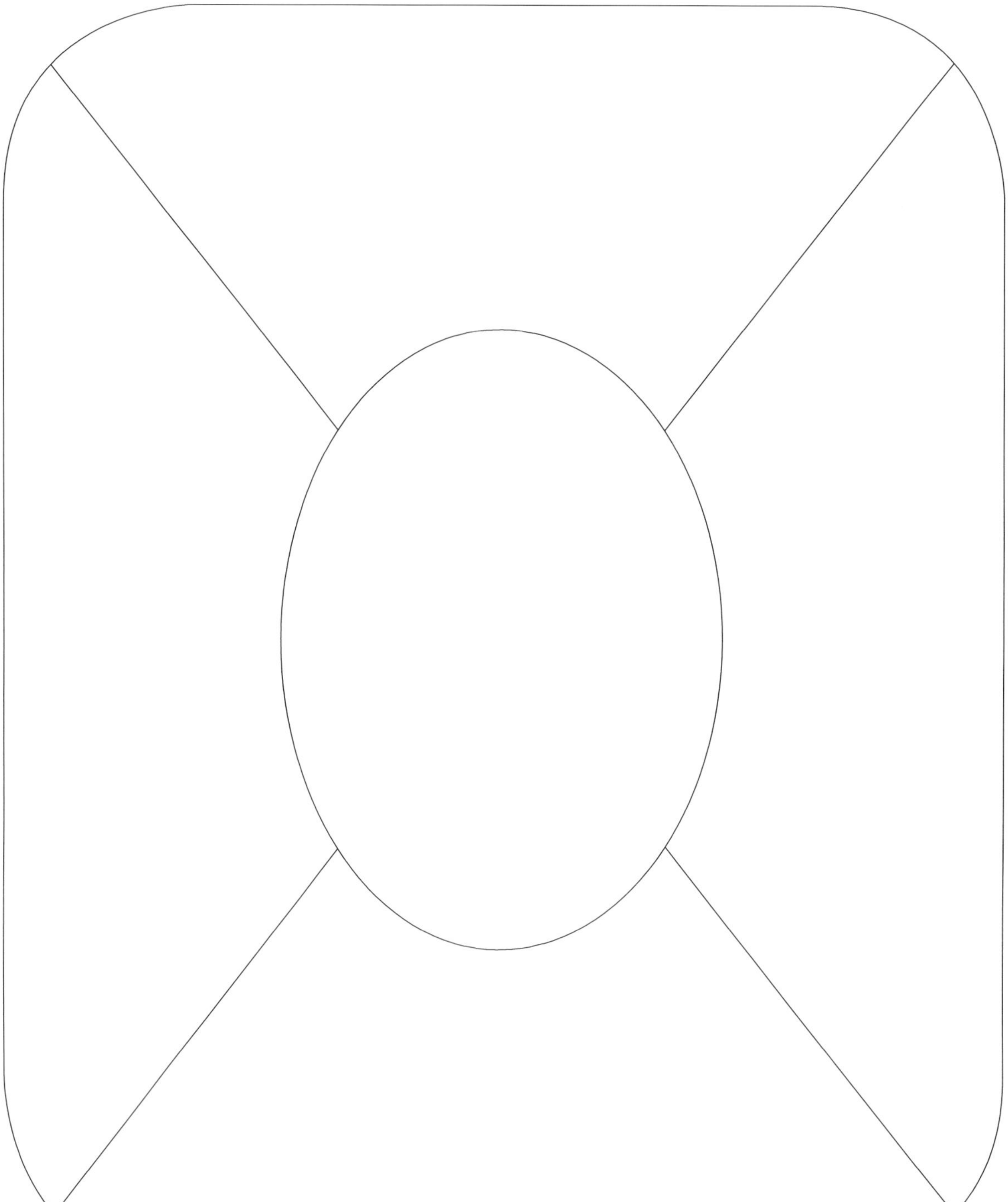

Runder Tisch

1. Kind:

2. Kind:

3. Kind:

4. Kind:

Gemeinsames Ergebnis

Die Fischgräte

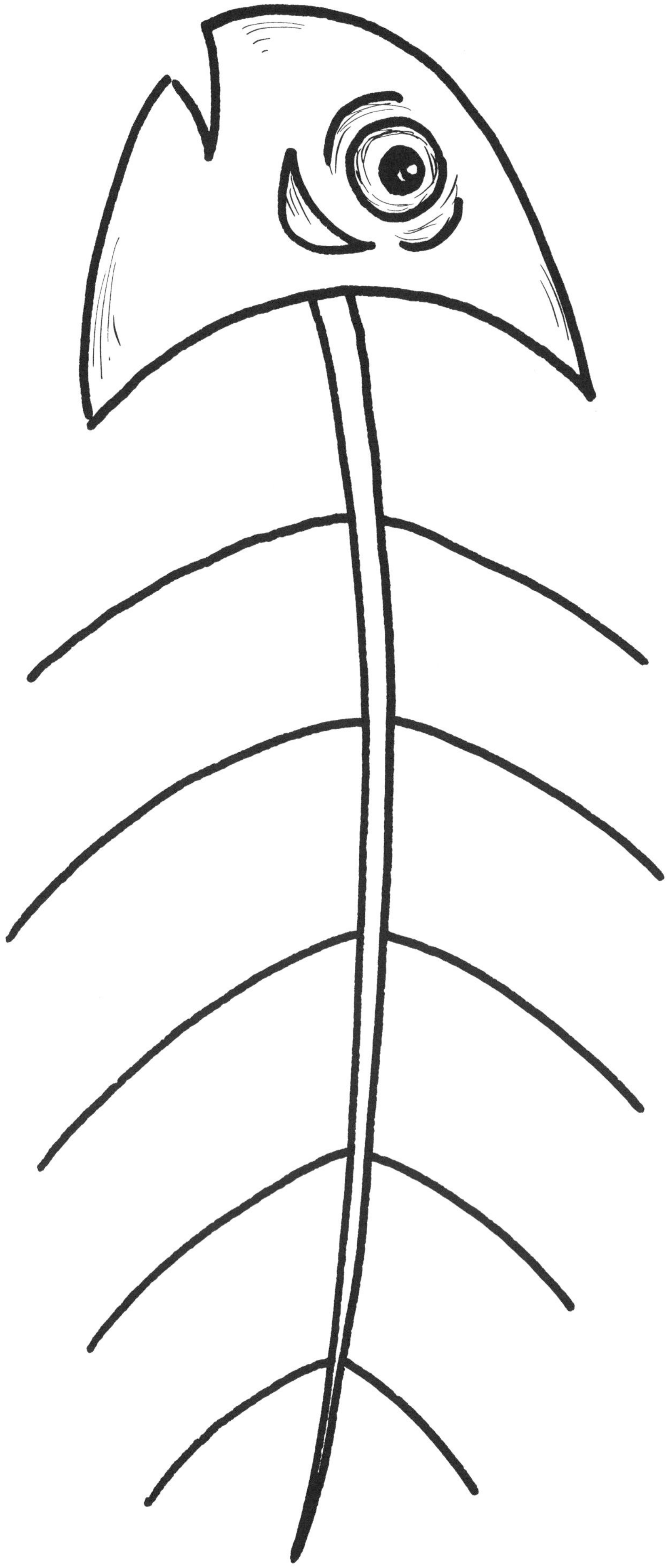

Reflexionsbogen

Datum: ____________

Thema: ____

Das fand ich gut …

____

____

____

Dabei hatte ich Schwierigkeiten …

____

____

____

Daran werde ich arbeiten …

____

____

____

____

____

____

Notizblatt

Name: ______________________ Datum: __________

Meine Notizen

Station: __________

Thema: ____

Übungen zum Abc – das A (siehe S. 18)

Nomen	Verben	Adjektive

Übungen zum Abc – das Z (siehe S. 21)

Z/z	z	z

Symbolkarten für Gruppen

Tier-Symbole: Stammgruppen
Gegenstände-Symbole: Expertengruppen

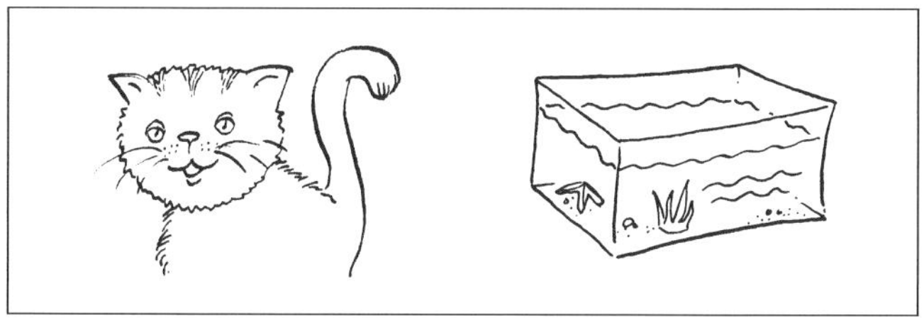

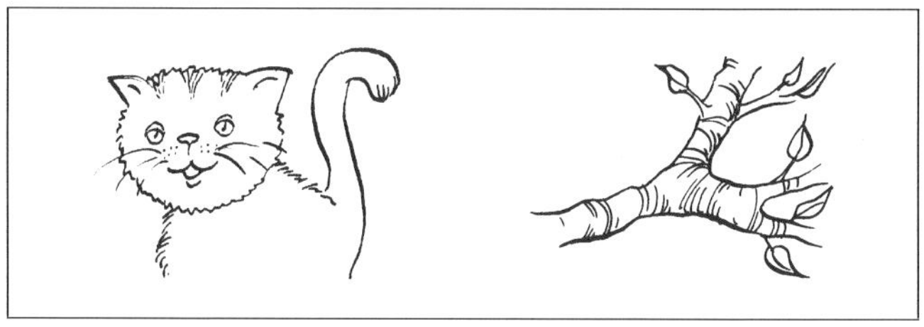

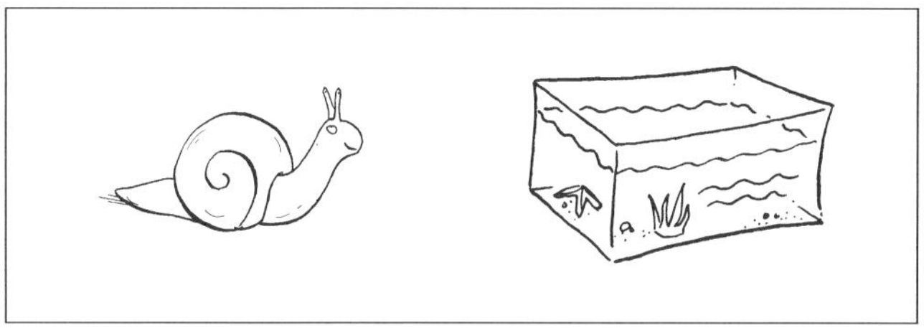

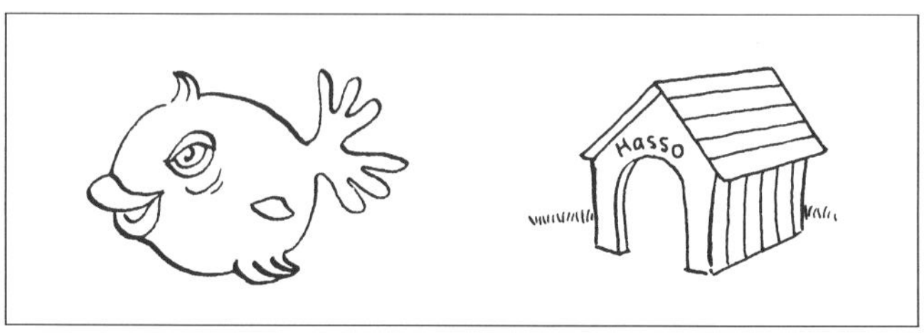

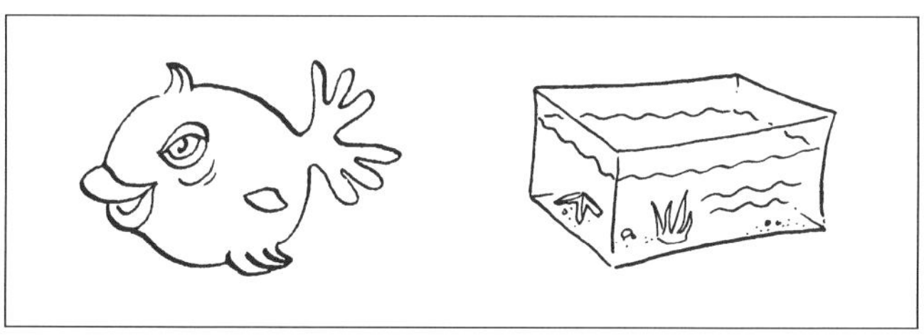

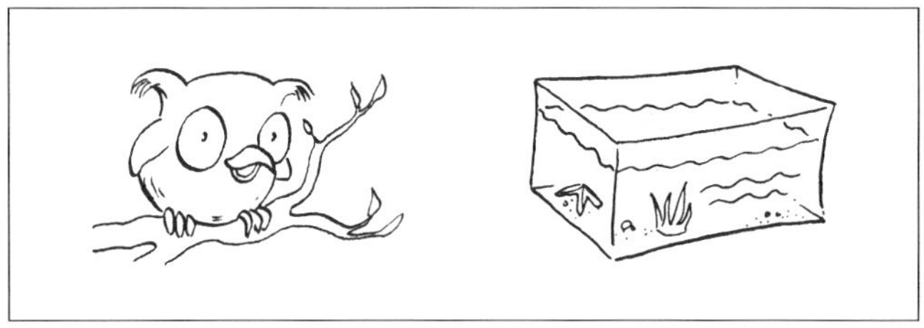

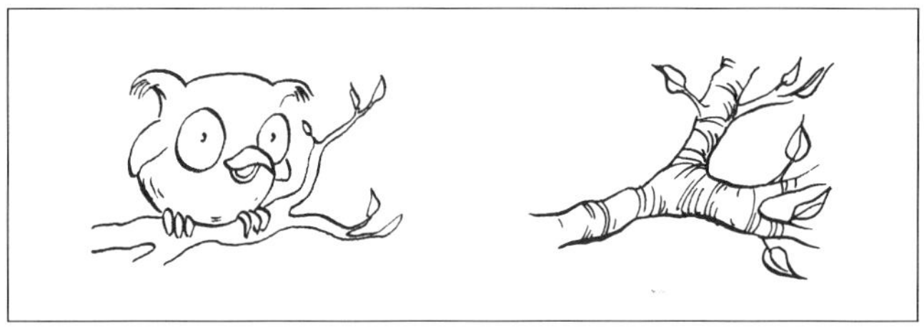
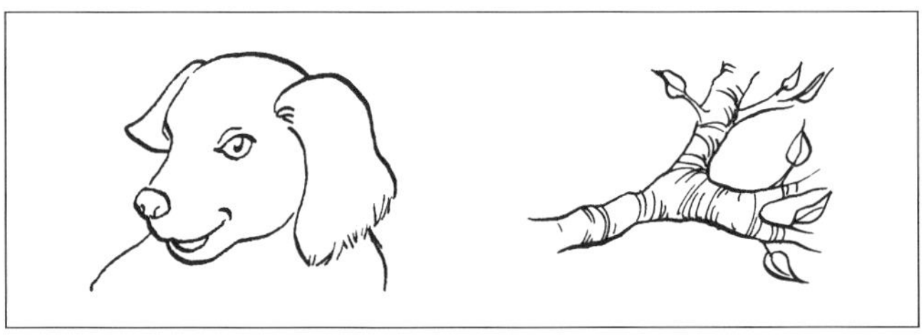

Buchstaben- und Bildkarten – Hexe Lilli

A	B	C
D	E	F

Gruppenkarten – Ritterzeit

Lösungen

Lösungen zu Text 1: Viele tolle Zaubertricks (S. 43)
Im Hexenbuch ist alles aufgelistet: **Hexentricks**.
Die Hexentricks sind nach **Buchstaben** geordnet.
Expertengruppe: Das Lösungswort lautet **Surulunda.**

Lösungen zu Text 2: Lilli kann zaubern (S. 44)
Lilli zaubert Leon **Puschelohren.**
Leon ist begeistert, weil Lilli **zaubern kann.**
Expertengruppe: Das Lösungswort lautet **Surulunda.**

Lösungen zu Text 3: Lilli kann zaubern (S. 45)
Schwupp – hat Leon **Pferdeohren.**
Was passiert mit Leon, wenn Lilli Tiere nennt? – **Seine Ohren verändern sich.**
Expertengruppe: Das Lösungswort lautet **Surulunda.**

Lösungen zu Text 4: Lilli sucht einen Gegenzauber (S. 46/47)
Lilli will Leon helfen. Im Hexenbuch sucht sie einen **Gegenzauber**.
In der Zwischenzeit zaubert sich Leon Ohren vom **Känguru**, vom **Zebra**, von der **Fledermaus**, vom **Affen**, vom **Elefanten**.
Expertengruppe: Das Lösungswort lautet **Surulunda**.

Lösungen zu Text 5: Lilli sucht einen Gegenzauber (S. 48)
Im Hexenbuch findet Lilli einen **Hexen-Notdienst**.
Rund um die Uhr ist der Notdienst geöffnet.
Er hilft bei: **Hexenproblemen, Kräutertee, Verhexungen, Hexenschuss**.
Das Wort **Kräutertee** ist falsch.
Expertengruppe: Das Lösungswort lautet **Surulunda.**

Lösungen zu Text 6: Der Hexen-Notdienst (S. 49/50)
Lilli liest die Anweisungen und singt die **Beschwörungsformel**.
Eine grüne Rauchsäule verwandelt sich blitzschnell in eine leibhaftige **Frau**.
Welches Wort passt? **Frau**
Expertengruppe: Das Lösungswort lautet **Surulunda**.

Lösungen zu Geschichten – Ritterzeit
Text: Ritterturniere (a) (S. 53)
Hilko macht mit seiner Klasse einen Ausflug auf eine alte **Burg**.
Von dem **Turnierplatz** ist Hilko beeindruckt.
Für ihren Zweikampf brauchten die Ritter ein schnelles **Pferd**, eine stabile **Rüstung**, einen **Schild** mit ihrem **Wappen** und natürlich eine **Lanze**.
Auf der Tribüne sitzen edle **Damen** mit langen, spitzen **Hüten** auf dem Kopf.

Text: Der Zweikampf (a) (S. 55)
Die Banner der Ritter wehen über den bunten **Zelten**. Zwei **Ritter** stehen sich hoch zu Ross gegenüber. Der eine trägt eine **schwarze**, der andere eine **rote Rüstung**. Der **Zweikampf** beginnt. Die Ritter geben ihren **Pferden** die Sporen. Die **Damen** schreien entsetzt auf.

Plötzlich legt jemand die Hand auf Hilkos **Schulter**.
Es ist der **Burgführer**.

Text: Ritterturniere (b) (S. 57)
Hilko macht mit seiner Klasse einen Ausflug auf eine alte **Burg**.
Von dem **Turnierplatz** ist Hilko beeindruckt.
Für ihren Zweikampf brauchten die Ritter ein schnelles Pferd, eine stabile Rüstung, einen **Schild** mit ihrem Wappen und natürlich eine **Lanze**.
Auf der Tribüne sitzen edle **Damen** mit langen, spitzen **Hüten** auf dem Kopf.

Text: Der Zweikampf (b) (S. 59)
Die Banner der Ritter wehen über den bunten **Zelten**. Zwei **Ritter** stehen sich hoch zu Ross gegenüber. Der eine trägt eine schwarze **Rüstung**, der andere eine rote. Der Zweikampf beginnt.
Die Ritter geben ihren Pferden die Sporen. Die **Damen** schreien entsetzt auf.
Plötzlich legt jemand die Hand auf Hilkos **Schulter**.
Es ist der **Burgführer**.

Lösungen/Aufgabe zu Text: Aussehen der Schnecke (S. 65)
Diese Wörter müssen eingesetzt werden: Gehäuse, Kopf, Atemloch, große Fühler mit Augen, kleine Fühler, Kriechsohle, Fuß

Lösungen/Aufgabe zu Text: Nahrung und Lebensorte (S. 65)

Nahrung	Lebensorte
– Salat, Löwenzahn, Erdbeeren usw. – Regenwürmer, Insektenlarven	– an Land (Nacktschnecken, Schnirkelschnecken) – an Land (Raubschnecken)

Textquellenverzeichnis

S. 20: Katja Königsberg „Das A“ (Text gekürzt) Aus: Katja Königsberg, MEIN GROßES PIRATEN-ABC © by Ravensburger Buchverlag Otto Maier GmbH, Ravensburg

S. 22: Paul Maar: Der letzte Buchstabe. Aus: Kreuz und Rüben, Kraut und Quer © Verlag Friedrich Oetinger, Hamburg

S. 27: Christine Nöstlinger „Frühling“ Aus: Christine Nöstlinger (Hrsg.): Pit und Anja entdecken das Jahr 1. Der Frühling kommt. Schroedel Verlag. Hannover 1972

S. 27: Regina Schwarz „ich freu mich auf den Frühling“ Aus: Ich freu mich auf den Frühling. München: Verlag Heinrich Ellermann 1995

S. 29: Josef Guggenmos „Die Tulpe“ Aus: Josef Guggenmos, Groß ist die Welt © 2006 Beltz & Gelberg in der Verlagsgruppe Beltz, Weinheim & Basel

S. 32: Ilse Kleeberger „Herbst“ Aus: Die Stadt der Kinder. H.-J. Gelberg (Hg.). Georg Bitter Verlag. Recklinghausen 1969

S. 34: Peter Hacks „Der Herbst steht auf der Leiter“ Aus: Peter Hacks, Der Flohmarkt © Eulenspiegel Verlag, Berlin, 2001.

S. 34: Rosemarie Künzler-Behncke „Blätter“ Aus: Klaus W. Hoffmann, Klaus Neuhaus „Heute tanzen wir.“ Audio-CD – © 1996 Patmos Verlagsgruppe/Sauerländer, Audio Mannheim

S. 35: Elisabeth Borchers „Oktober“ Aus: Ottos mops und andere tolle Gedichte für Kinder/CD. Headroom Kindertonträger. 1. Auflage 2007

S. 38: Ursula Wölfel „Die Geschichte vom Vater, der die Wand hoch ging“ (gekürzt und abgeändert) Aus: Ursula Wölfel, Neunundzwanzig verrückte Geschichten© 1974 by Thienemann Verlag (Thienemann Verlag GmbH), Stuttgart – Wien

S. 39: Regina Schwarz „Lückenbüßer“ Aus: „Was für ein Glück“ von Hans-Joachim Gelberg, Beltz Verlag 1993

S. 40: Georg Bydlinski „Wann Freunde wichtig sind“ Aus: Wasserhahn und Wasserhenne, Gedichte und Sprachspielereien © 2002 Patmos Verlagsgruppe/Sauerländer, Mannheim

S. 43 ff.: Aus KNISTER/Hexe Lilli zaubert Hausaufgaben ©1994 Arena Verlag GmbH, Würzburg

S. 52 ff.: Die alte Ritterzeit aus: Alexandra Fischer-Hunold, Lesepiraten-Burggeschichten © 2008 Loewe Verlag

S. 80, 81: Tiger und Leo aus: Cornelia Funke, Leselöwen-Tiergeschichten © 1997 Loewe Verlag GmbH, Bindlach

S. 82: Salambos Kinder aus: Cornelia Funke, Leselöwen-Tiergeschichten © 1997 Loewe Verlag GmbH, Bindlach

S. 83: Wer kümmert sich um Kalif? aus: Cornelia Funke, Leselöwen-Tiergeschichten © 1997 Loewe Verlag GmbH, Bindlach

S. 84: Der Fliegenfreund aus: Cornelia Funke, Leselöwen-Tiergeschichten © 1997 Loewe Verlag GmbH, Bindlach

S. 85: Welches Futter bekommen Haushunde? aus: Margot Hellmiß/Falk Scheithauer, Frag mich was: Hunde © 2000, 2005 Loewe Verlag GmbH, Bindlach

Literaturverzeichnis

BARTNITZKY, HORST (2006): Sprachunterricht heute. Berlin: Cornelsen Verlag Scriptor

BARTNITZKY, JENS (2007): Beiträge zur Reform der Grundschule. Band 124. Heft 1. Frankfurt am Main: Arbeitskreis Grundschule e.V.

BAURMANN, JÜRGEN (2007): Kooperatives Lernen im Deutschunterricht. In: Praxis Deutsch 205/2007. Seelze: Friedrich Verlag. S. 6–11

BOCHMANN, REINHARD/KIRCHMANN, RUTH (2007): Kooperatives Lernen in der Grundschule. Zusammen arbeiten – Aktive Kinder lernen mehr. Essen: Neue Deutsche Schule Verlagsgesellschaft

BRÜNING, LUDGER/SAUM, TOBIAS (2006): Erfolgreich unterrichten durch Kooperatives Lernen. Essen: Neue Deutsche Schule Verlagsgesellschaft

BYDLINSKI, GEORG (1995): Der Mond heißt heute Michel. Freiburg: Herder Verlag

CWIK, GABRIELE/RISTERS, WILLI (2004): Lernen lernen von Anfang an. Band I: Individuelle Methoden trainieren. Berlin: Cornelsen Verlag

CWIK, GABRIELE/RISTERS, WILLI (2004): Lernen lernen von Anfang an. Band II: Kommunikation und Kooperation trainieren. Berlin: Cornelsen Verlag

DRUYEN, CARMEN/WICHTERICH, HEINER (2007): Kooperative Schulentwicklung. In: Schulmagazin 5–10. 06/2007. München: Oldenbourg Verlag. S. 53–56

FISCHER-HUNOLD, ALEXANDRA (2008): Burggeschichten. Bindlach: Loewe Verlag

FUNKE, CORNELIA (2006): Tiergeschichten. Bindlach: Loewe Verlag

GEHLBERG, HANS-JOACHIM (1993): Was für ein Glück. Weinheim: Beltz Verlag

GREEN, NORM/GREEN, KATHY (2005): Kooperatives Lernen im Klassenraum und im Kollegium. Das Trainingsbuch. Seelze: Friedrich Kallmeyer Verlag

GREEN, NORM/HEDWIG HECKT, DIETLINDE (2000): The Power of Learning. In: Grundschule 12/2000. Braunschweig: Westermann Verlag. S. 8–9

HEDWIG HECKT, DIETLINDE/GREEN, NORM (2000): Was ist kooperatives Lernen? In: Grundschule 12/2000. Braunschweig: Westermann Verlag. 27–32

HELLMIß, MARGOT/SCHEITHAUER, FALK (2000): Hunde. Mein erstes Frage- und Antwortbuch. Bindlach: Loewe Verlag

HURRELMANN, BETTINA (2003): Leseleistung – Lesekompetenz. In: Praxis Deutsch. Zeitschrift für den Deutschunterricht. Seelze: Friedrich Verlag. 10–21

JOHNSON, DAVID W./JOHNSON, ROGER T. (1999): Learning together and alone. Cooperative, competitive and individualistic learning. 5. Auflage, Boston u. a., Allyn and Bacon USA

JONAS, HARTMUT (2003): Lernmethoden – Kompetenz. In: Computer+Unterricht 52/2003. Seelze: Friedrich Verlag. S. 6–11

KLEINDIEK, GERHARD (2000): Kooperatives Lernen von Anfang an. In: Grundschule 12/2000. Braunschweig: Westermann Verlag. S. 25–26

KNISTER (2007): Hexe Lilli zaubert Hausaufgaben. Edition Bücherbär. Würzburg: Arena Verlag

KÖNIGSBERG, KATJA (2002): Mein großes Piraten-ABC. Ravensburg: Ravensburger Buchverlag

KONRAD, KLAUS (2006): Kooperatives Lernen. Möglichkeiten und Aufgaben. In: Schulmagazin 5–10. 12/2006. München: Oldenbourg Verlag. S. 5–10

LEHNER, ANDREA (Hg.) (2006): Lernkompetenzen stärken. München: Verlag J. Maiß

MAAR, PAUL (2004): Kreuz und Rüben, Kraut und quer. Das große Paul Maar-Buch. Hamburg: Oetinger-Verlag

MENZEL, WOLFGANG (2003): Texte lesen – Texte verstehen. In: Praxis Deutsch. Zeitschrift für den Deutschunterricht. Seelze: Friedrich Verlag. S. 3–9

MEYER, HILBERT (2005): Unterrichtsmethoden. II: Praxisband. Berlin: Cornelsen Verlag Scriptor

MINISTERIUM FÜR SCHULE, JUGEND UND KINDER DES LANDES NRW (2008): Richtlinien und Lehrpläne zur Erprobung für die Grundschule in Nordrhein-Westfalen. NRW: Ritterbach Verlag

MOHREN, SANDRA (2006): Think big – start small. In: NDS – Das Magazin der Bildungsgewerkschaft. „Kooperatives Lernen“ 6/7 – 2007. Essen: Gewerkschaft Erziehung und Wissenschaft Nordrhein-Westfalen. S. 12

WEIDNER, MARGIT (2003): Kooperatives Lernen im Unterricht. Das Arbeitsbuch. Seelze: Kallmeyer Verlag

WÖLFEL, URSULA (1974): Neunundzwanzig verrückte Geschichten. Stuttgart: Thienemann Verlag